지은이 김남미
펴낸이 정규도
펴낸곳 (주)다락원

초판 1쇄 발행 2020년 12월 31일
　　2쇄 발행 2022년 2월 25일

편집총괄 최운선
책임편집 김유리
디자인 김보형
일러스트 신동민

[다락원] 경기도 파주시 문발로 211
내용문의 (02) 736-2031 내선 277
구입문의 (02) 736-2031 내선 250~252
Fax (02) 732-2037
출판등록 1977년 9월 16일 제406-2008-000007호

Copyright ⓒ 2020, 김남미

저자 및 출판사의 허락 없이 이 책의 일부 또는 전부를 무단 복제·전재·발췌할 수 없습니다. 구입 후 철회는 회사 내규에 부합하는 경우에 가능하므로 구입문의처에 문의하시기 바랍니다. 분실·파손 등에 따른 소비자 피해에 대해서는 공정거래위원회에서 고시한 소비자 분쟁 해결 기준에 따라 보상 가능합니다. 잘못된 책은 바꿔 드립니다.

값 12,000원
ISBN 978-89-277-4762-8 73710

http://www.darakwon.co.kr
다락원 홈페이지를 통해 인터넷 주문을 하시면 자세한 정보와 함께 다양한 혜택을 받으실 수 있습니다.

졸업 전 반드시 익혀야 할

초등 국어 맞춤법 사전

김남미 지음 신동민 그림

다락원

여는 말

"아픈 거 다 낳았어?"
"아버지 가방에 들어가신다."

맞춤법과 띄어쓰기를 잘못 써서 친구를 아기 엄마로, 아버지를 가방에 들어간 사람으로 만들었던 경험 한 번씩은 있죠? "아픈 거 다 나았어?", "아버지가 방에 들어가신다."가 맞는 맞춤법이지요. 또, 학교에서 받아쓰기하면 소리가 들리는 대로 분명 적었는데 정답이 아니었던 적도 많을 거예요. 맞춤법과 띄어쓰기, 참 어렵게 느껴지지요. 여러분뿐만 아니라 어른들도 맞춤법은 누구나 어려워해요. 특히 요즘처럼 맞춤법을 무시하는 신조어나 유행어가 많이 생겨나는 시대에는 '맞춤법을 꼭 알아야 하나?', '맞춤법 너무 어려운데…'라는 생각이 더 많이 들 수도 있어요. 하지만 맞춤법은 우리가 하는 말을 적는 규칙이에요. 내 말과 글의 기초 역할을 하므로 우리의 말과 글을 제대로 사용하려면 꼭

　알아야 하는 필수 요소지요. 저는 국어를 공부하고 또 가르치는 사람으로서 '어떻게 하면 아이들에게 맞춤법을 쉽게 알려 줄 수 있을까?'라는 고민을 많이 했어요. 그래서 만든 책이 바로 이『초등 국어 맞춤법 사전』이랍니다.

　이 책은 최대한 맞춤법을 쉽게 이해할 수 있도록 여러분의 눈높이에 맞추어 구성했어요. 여러분들이 지루하지 않게 공부할 수 있도록 일상생활에서 사용할만한 예시문과 재미있는 삽화도 넣었지요. 설명에는 말소리의 원리와 그것을 적는 원칙을 풀어서 써 놓았답니다. 한 장 한 장 넘길 때마다 맞춤법이 그렇게 어렵지 않다는 것, 또 머릿속에 맞춤법에 대한 지식이 쏙쏙 들어오고 있다는 것을 느끼게 될 거예요. 이 책을 덮는 순간에는 어느덧 맞춤법 천재가 되고, 받아쓰기도 늘 100점을 맞을 수 있을 거예요.

　나의 말, 나의 글에 좀 더 관심을 둔다는 생각을 가지고 책장을 한 장씩 넘겨 보세요. 이 책을 읽는 친구들이 자신의 말, 자신의 글을 새롭게 바라보게 되기를 진심으로 바라며, 말과 글에 대한 애정을 풀어낼 기회를 주신 출판사 다락원과 김유리 편집자님께 감사의 인사를 전합니다.

저자 김남미

한 번에 바로잡는 맞춤법과 띄어쓰기!

1 자주 틀리기 쉬워요 ······················· 10
ㄱ～ㄹ ··· 14
ㅁ～ㅅ ··· 47
ㅇ～ㅎ ··· 69

2 알쏭달쏭 **헷갈리기** 쉬워요 ……… **102**
　ㄱ~ㅁ ……………………………… 106
　ㅂ~ㅎ ……………………………… 125

3 **띄어쓰기**로 바른 뜻을 전해요 ……… **152**
　ㄱ~ㅁ ……………………………… 156
　ㅂ~ㅎ ……………………………… 166

❗ 찾아보기 ………………………… 172

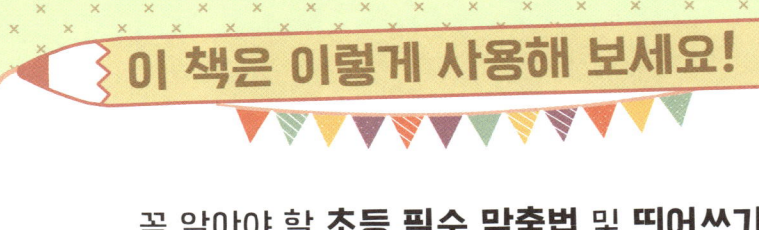

이 책은 이렇게 사용해 보세요!

꼭 알아야 할 **초등 필수 맞춤법** 및 **띄어쓰기**를
주제별로 나누어 담았어요.

- 자주 틀리기 쉬운 맞춤법
- 알쏭달쏭 헷갈리기 쉬운 맞춤법
- 바른 뜻을 전하는 띄어쓰기

대표 단어
올바른 맞춤법을 표시했어요.

설명
간단하고 재미있게 설명했어요.

예시
실생활에서 자주 쓰이는 문장이에요.

더 알아보기
알아 두면 좋은 내용을 추가로 넣었어요.

그림
설명을 쉽게 이해할 수 있도록 도와주는 재미있는 그림이에요.

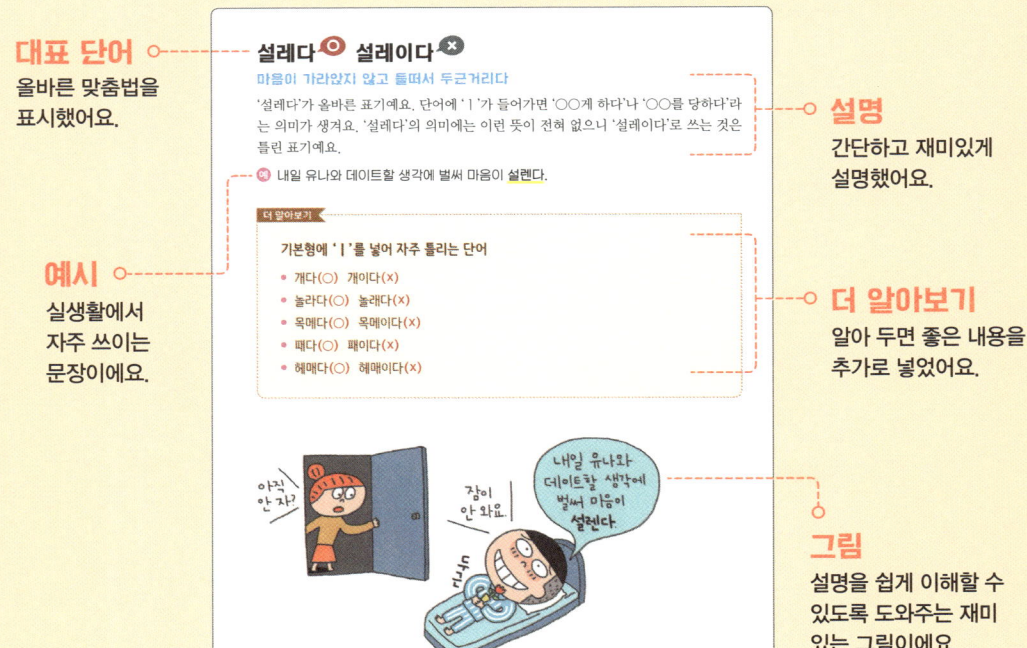

설레다 ⭕ 설레이다 ❌

마음이 가라앉지 않고 들떠서 두근거리다

'설레다'가 올바른 표기예요. 단어에 'ㅣ'가 들어가면 '○○게 하다'나 '○○를 당하다'라는 의미가 생겨요. '설레다'의 의미에는 이런 뜻이 전혀 없으니 '설레이다'로 쓰는 것은 틀린 표기예요.

💬 내일 유나와 데이트할 생각에 벌써 마음이 설렌다.

더 알아보기

기본형에 'ㅣ'를 넣어 자주 틀리는 단어
- 개다(○) 개이다(×)
- 놀라다(○) 놀래다(×)
- 목메다(○) 목메이다(×)
- 패다(○) 패이다(×)
- 헤매다(○) 헤매이다(×)

☑ 띄어 쓰는 '밖에'
'안에'의 반대말로 쓰이는 '밖에'는 앞말과 띄어 써요.
예) 눈이 많이 오니까 밖에 나가지 마.

⌒ 붙여 쓰는 '밖에'
'이외에는'이나 '말고는'이라는 의미를 갖는 '밖에'는 조사이므로 붙여 써야 해요.
예) 오뎅이 너무 먹고 싶은데 지갑에 삼백 원밖에 없어.

띄어쓰기
☑ **띄어 쓰는** 경우와
⌒ **붙여 쓰는** 경우를 나누어 확실히 구별할 수 있도록 했어요.

알립니다!

⚠ 이 사전의 표기법은 국립국어원의 한글 맞춤법과 표준어 규정을 따랐습니다.

⚠ 띄어쓰기는 현행 규정에 따르되, 원칙 규정과 허용 규정이 있을 경우 될 수 있으면 원칙을 따랐습니다.

⚠ 많이 틀리고 자주 헷갈리는 맞춤법으로 선별했습니다.

⚠ 주제에 따른 단어들을 모두 가나다순으로 나열하였습니다.

자주 틀리기 쉬워요

맞춤법 퀴즈

> 한국인이 가장 많이 틀리는
> **맞춤법 Top 5!**
> 나는 알고 있을까?

1 선생님, 내일 (뵈요 / 봬요)!

2 수업 시간에 떠들면 (안 되 / 안 돼).

3 (오랫만에 / 오랜만에) 학교에 왔더니 너무 새로워.

4 이번 수련회는 (며칠 / 몇 일) 동안 가는 거야?

5 네가 그렇게 말하니 (어이가 없다 / 어의가 없다).

정답

1 선생님, 내일 (뵈요 / **봬요**)!

2 수업 시간에 떠들면 (안 되 / **안 돼**).

3 (오랫만에 / **오랜만에**) 학교에 왔더니 너무 새로워.

4 이번 수련회는 (**며칠** / 몇 일) 동안 가는 거야?

5 네가 그렇게 말하니 (**어이가 없다** / 어의가 없다).

가게 ⭕ 가개 ❌

작은 규모로 물건을 파는 집

'개'와 '게'는 발음 구분이 어려워요. 'ㅐ'와 'ㅔ' 때문이지요. 'ㅐ'와 'ㅔ'는 발음이 아주 비슷하지만 'ㅔ'보다 'ㅐ'가 입을 좀 더 벌려서 내는 소리랍니다. 우리말에는 'ㅐ'와 'ㅔ' 두 모음으로 구분하는 단어가 아주 많아요. '가게, 집게, 지우개' 등 이들 모음을 가진 단어를 보면서 알맞은 표기를 확인하는 연습이 필요하답니다.

예) 오늘 피자 **가게**에서 영주한테 고백할 거야.

가려고 ⭕ 갈려고 ❌

'가려고'는 '한곳에서 다른 곳으로 이동하다'의 뜻을 가진 '가다'와 '어떤 행동을 할 의도를 가지고 있음'을 나타내는 '-려고'가 합쳐진 말이에요. 그러니 '가려고'라고 그대로 써야 뜻이 통해요. 이걸 '갈려고'로 잘못 쓰면 안 돼요. '갈려고'는 '밭을 갈다'의 '갈다'에서 온 말이거든요. '갈다'의 '갈-'과 '-려고'가 만난 거예요.

예) 밭을 다 갈고 이제 집에 **가려고** 한다.

가르다 ⭕ 갈르다 ❌

쪼개거나 나누어 따로따로 되게 하다

'가르다'는 불규칙 동사예요. '가르니', '갈라서' 처럼 '가르-' 뒤에 오는 말이 모음인지 자음 인지에 따라 모양이 바뀌어요. 이것 때문에 헷갈려서 '갈르니', '갈르다' 등으로 잘못 적지 않도록 하세요.

예) 이 케이크는 네 명이 먹을 거니까 똑같이 네 조각으로 **가르면** 돼요.

가만히 ⭕ 가만이 ❌

움직이지 않거나 아무 말 없이

끝말이 '이'인지 '히'인지 헷갈리는 단어가 있어요. 그럴 땐 발음하여 분명하게 [이]로 소리 나는 것만 '이'로 적어요. 분명하게 [히]로 소리 나는 것은 '히'로 적고요. [이]로도 발음되고 [히]로도 발음되는 경우에는 '히'로 적는 것이 올바른 표기예요. '가만히'는 [가마니]로도 발음되고 [가만히]로도 발음되니 '가만히'로 적는 거예요.

예) 내 동생은 **가만히** 있을 때가 제일 예뻐.

간질이다 ⭕ 간지르다 ❌ 간질르다 ❌
간지럽게 하다

'간질이다'와 같은 의미의 단어로는 '간지럽히다'가 있어요. 간질이는 느낌을 표현하는 말인 '간지럼'으로 인해 '간지르다'나 '간질르다'로 잘못 적지 않도록 해요.

예) 잠자는 아빠의 콧구멍을 <u>간질이다</u>.

강낭콩 ⭕ 강남콩 ❌
콩 종류 중 하나

'강낭콩'은 아주 오래전 중국의 '강남' 지역에서 들여온 콩이에요. 그래서 예전에는 '강남콩'이라 불렸지요. 세월이 지나 이 콩이 어디에서 온지 모르는 많은 사람들이 '강낭콩'으로 부르게 되었어요. 그래서 사람들이 많이 사용하는 말인 '강낭콩'이 표준어가 된 거예요.

예) 담임 선생님께서 <u>강낭콩</u> 키우기를 실험 관찰 숙제로 내주셨어.

같아 ⭕ 같애 ❌

'서로 다르지 않고 하나이다'라는 뜻의 '같다'에 말끝에 붙이는 말인 '-아'가 붙어서 '같아'가 만들어졌어요. '좋아', '놀아'와 같은 형태의 단어예요.

예) 3반 규진이랑 6반 하진이는 쌍둥이라서 생김새가 <u>같아</u>.

개구쟁이 ⭕ 개구장이 ❌

짓궂게 장난하는 아이

'짓궂다'라는 의미를 가진 옛말 '개궂다'에 '-쟁이'가 붙어서 만들어진 말이 '개구쟁이'예요. 이렇게 '어떤 행동이나 속성을 지닌 사람'을 가리키는 말에는 '-쟁이'가 붙어요. 하지만 비슷하게 생긴 말인 '-장이'가 붙으면 '어떤 기술을 가진 사람'이라는 다른 의미가 돼요.

예 내 이상형은 귀엽고 깜찍한 **개구쟁이**야.

> **더 알아보기**
>
> **'쟁이'와 '장이'가 헷갈리는 단어**
> - **'-쟁이'**로 적는 단어: 개구쟁이, 겁쟁이, 고집쟁이, 멋쟁이
> - **'-장이'**로 적는 단어: 대장장이, 땜장이, 미장이, 양복장이

개수 ⭕ 갯수 ❌

한 개씩 낱으로 셀 수 있는 물건의 수

'개수'는 [개쑤]로 발음돼요. 그래서 '갯수'로 잘못 적는 일이 많아요. 단어가 순우리말일 때 '수'가 [쑤]로 소리 나면 'ㅅ'을 넣기도 하지만, 개수(個數)는 한자어예요. 한자어와 한자어 사이에는 'ㅅ'을 넣지 않아요.

예 보물찾기 놀이에서 가장 많은 **개수**의 보물을 찾은 사람한테는 큰 선물을 줄 건가 봐!

> **더 알아보기**
>
> 한자어와 한자어 사이에 'ㅅ'을 넣는 예외도 있어요.
> **곳간**(庫間), **셋방**(貰房), **숫자**(數字), **찻간**(車間), **툇간**(退間), **횟수**(回數)가 그 경우예요.

거야 ⭕ 꺼야 ❌

'거야'는 '것이야'를 줄여 쓴 말로, [거야]로 소리 나요. 그런데 '할 거야'처럼 앞에 꾸미는 말과 'ㄹ' 받침이 오면 '거야'가 [꺼야]로 소리 나요. 이때도 적을 때는 본래의 말인 '거야'로 표기해야 한답니다.

🔴 예) 이번 콘서트는 무슨 일이 있어도 꼭 **갈 거야**.

거의 ⭕ 거이 ❌
어느 한도에 매우 가까운 정도

'의'는 아주 약한 모음이에요. 자기 발음을 그대로 지키며 소리 내는 경우가 거의 없어서 '거의'가 [거이]로 소리 나기도 해요. 하지만 적을 때는 원래 말인 '거의'로 적어야 해요.

🔴 예) 드라마가 너무 슬퍼서 **거의** 울기 직전이야.

건더기 ⭕ 건데기 ❌
국물이 있는 음식 속에 들어 있는 것

'건더기'에서 '기'의 'ㅣ'처럼 '더'에 'ㅣ'를 넣어 [건데기]라고 소리 내는 것은 잘못된 발음이에요. 표기도 소리도 '건더기'라고 한답니다.

🔴 예) 오늘 급식으로 설렁탕이 나왔는데, 커다란 고기 **건더기**도 들어 있었어.

-게 ⭕ -께 ❌

어떤 행동을 하겠다고 말하는 경우, 그 의미가 어디에 들어 있을까요? '-ㄹ게'에는 약속의 의미가 들어 있어요. '할게[할께]'처럼 앞에 '-ㄹ'이 있는 경우 '게'는 [께]로 소리 나지만 '게'로 적는다는 것을 기억하세요. 마찬가지로 '-ㄹ게' 뒤에 '요'가 붙으면 [께요]로 소리 나지만 '게요'로 적어요.

예 진짜 딱 한 판만 더 하고 컴퓨터 끌게요.

게시판 ⭕ 개시판 ❌ 계시판 ❌
여러 사람에게 알릴 내용을 붙이는 판

'게시(揭示)'는 '여러 사람에게 알리기 위해 내붙여서 보게 한다'라는 뜻의 한자어예요. 한자의 의미상 언제나 '게'로 적어야 해요. 사람들이 보게 만든 판도 마찬가지로 같은 한자를 쓰므로 '게시판'이라고 적어요.

예 3층 게시판에 체육 대회 대진표 붙었어!

겨우내 ⭕ 겨울내 ❌
한겨울 동안 계속해서

'겨우내'는 '겨울'에 '계속해서'라는 의미의 '내'가 붙은 거예요. 아주 옛날에 만들어진 말인데, 그때는 'ㄴ' 앞에서 'ㄹ'이 없어지는 규칙이 있었거든요. 그래서 '내' 앞에 오는 '겨울'의 'ㄹ'이 사라진 거예요.

예 <u>겨우내</u> 집에서 귤이랑 고구마만 엄청나게 먹었어.

> **더 알아보기**
> '겨우내'처럼 **소나무**도 '솔'에 '나무'가 합쳐진 말이랍니다.
> 'ㄴ' 앞에서 'ㄹ'이 없어지는 옛날 규칙 때문에 '솔'의 'ㄹ'이 사라진 거예요.

고랭지 ⭕ 고냉지 ❌
저위도에 위치하며 높고 기온이 낮은 곳

고랭지는 한자어예요. '차갑다'라는 뜻의 '랭(冷)'은 원래 'ㄹ'로 시작하는 말이에요. 하지만 '냉수'나 '냉면'처럼 단어의 첫머리에 오면 '냉'으로 소리가 나지요. '고랭지'의 '랭'은 단어의 첫머리에 오는 게 아니잖아요. 그래서 '고냉지'라고 적을 수 없어요.

예 우리 삼촌은 강원도에서 <u>고랭지</u> 채소를 재배하셔. 이번 주말에 우리가 배추 수확을 도와드리기로 했어.

고마워 ⭕ 고마와 ❌

우리말에는 뒤에 붙는 말의 모음이 앞 글자 모음의 성격을 따르는 법칙이 있어요. '막다'는 '막'에 'ㅏ'가 있어서 '막아'가 되고, '먹다'는 '먹'에 'ㅓ'가 있어서 '먹어'가 되지요. 옛날에는 앞말의 모음에 따라 뒷말의 모음 모양이 바뀌는 법칙이 아주 강력했대요. 그러나 지금 그 법칙은 거의 남아 있지 않게 되었어요. 그래서 지금은 이 법칙을 지키지 않는 것이 더 많아요. '고마워'도 그중 하나죠. '마'에 'ㅏ'가 있지만 뒷말은 'ㅓ'와 연결된 거죠.

예) 오늘 체육복 빌려 줘서 <u>고마워</u>. 깨끗하게 빨아서 내일 줄게!

> **더 알아보기**
>
> 앞말의 모음에 따라 뒷말의 모음 모양이 바뀌는 법칙을 지키지 않는 예로는 **아름다워, 보드라워** 등이 있어요.

-고요 ⭕ -구요 ❌

'하나이구요', '둘이구요'가 아닌 '하나이고요', '둘이고요'라고 적어야 해요. '-고'는 앞에 오는 것과 뒤에 오는 것을 무게가 같게 연결해 줘요. '-구'로 말하거나 적으면 그 의미를 제대로 전달할 수 없어요.

예) 기본 떡볶이는 사천 원이<u>고요</u>, 토핑 주문하시면 천 원씩 추가 됩니다.

곱빼기 ⭕ 곱배기 ❌

음식에서 두 그릇의 몫을 한 그릇에 담은 양

[곱빼기]라고 발음되며, 표기도 '곱빼기'로 해요. '곱'은 '곱절, 두 배'의 의미고 '-빼기'는 '그런 특성이 있는 사람이나 물건'이라는 뜻을 더해 줘요.

예) 나는 짜장면 <u>곱빼기</u>로 먹을래.

과녁 ⭕ 과녘 ❌

활이나 총 등을 쏠 때 표적으로 만들어 놓은 물건

'과녁을'을 발음해 보세요. [과녀글]인가요, [과녀클]인가요? '과녁을'은 항상 [과녀글]이라고 소리가 나요. 그러므로 뒤의 'ㄱ'을 앞의 받침으로 넘겨서 '과녁'이라고 적어요.

예) 멀리 있는 <u>과녁</u>을 화살로 맞히는 것은 어렵다.

구웠습니다 ⭕ 구었습니다 ❌

'구웠습니다'는 '불에 익히다'라는 뜻의 '굽다'가 변신한 거예요. 이 '굽다'의 'ㅂ'은 모음을 만나면 '구우면, 구운, 구워'처럼 '우'로 바뀌어요. '구우- + -었- + -습니다'를 줄여 '구웠습니다'로 쓰는 것을 '구었습니다'로 잘못 적으면 안 돼요. '우'를 없애 버리면 의미 전달이 어려워지니까요.

예) 캠핑카에서 된장찌개를 끓이고 삼겹살도 <u>구웠다</u>.

굳이 ⭕ 구지 ❌

고집을 부려 일부러

'굳이'는 [구지]로 소리가 나지만, 소리 나는 대로 적으면 안 돼요. '굳이'의 '굳'에는 '단단하다'라는 '굳다'의 의미가 들었어요. 이 의미를 명확히 전달하려면 '굳-'을 표기에 남겨 두어야 해요.

예 날도 선선한데 **굳이** 에어컨을 켜야 해?

귓속 ⭕ 귀속 ❌

귀의 안쪽

'귓속'은 '귀의 속, 귀의 안쪽'이라는 의미예요. '귀속'이라 잘못 적으면 '어딘가에 속하다'라는 의미의 전혀 다른 말이 돼요.

예 이번 신곡이 너무 좋아서 자꾸 **귓속**을 맴돌아.

그러고 나서 ⭕ 그리고 나서 ❌

'그러고'는 '그리하고'가 줄어든 말로, 앞 문장 전체를 가리켜요. 반면에 '그리고'는 그리고를 중심으로 앞뒤 문장을 대등하게 연결해요. 따라서 '그리고'는 '앞말이 뜻하는 행동이 끝났다'라는 의미인 '-나서'와는 어울리지 않지요.

- 예) 점심시간에 급식을 먹었어. <u>그러고 나서</u> 배가 아파서 양호실에 갔는데 민규랑 딱 마주친 거야!

그릇째 ⭕ 그릇채 ❌

그릇까지 모두

'그릇째'의 '째'는 '모두'라는 의미를 가져요. 이 '째'를 '채'로 적지 않아야 해요. '그릇채'로 쓴다면 '모두'의 의미가 사라지게 되니까요. '채'는 '○○인 상태로'라는 전혀 다른 의미를 가진답니다.

- 예) 라면이 너무 맛있어서 <u>그릇째</u> 다 먹었다.

> **더 알아보기**
>
> '째'가 붙어 '전부, 모두'의 의미를 나타내는 단어에는 **뿌리째, 껍질째, 통째, 뼈째, 송두리째** 등이 있어요.

그 애 ⭕ 그 얘 ❌

'그 애'는 '그 아이'가 줄어든 말이에요. '그 애'를 더 줄여서 '걔'라고도 말해요. 반면에 '얘'는 '이 아이'가 줄어든 말이에요. '걔: 그 아이(그 애)', '얘: 이 아이(이 애)' 이렇게 짝지어 생각하면 맞춤법을 더 잘 이해할 수 있어요.

- 예) 나는 <u>그 애</u>를 볼 때마다 가슴이 두근두근해.

금세 ⭕ 금새 ❌
지금 바로

'금세'는 '금시(今時)에'를 줄인 말이에요. 뒤에 '시에'가 줄어든 것이므로, 모음에 'ㅔ'가 남아 있어야 해요.

📝 영원할 줄 알았던 방학이 <u>금세</u> 가 버렸어요.

기다란 ⭕ 길다란 ❌

이 단어의 기본형은 '기다랗다'예요. '길다'에 '그 정도가 꽤 뚜렷하다'의 뜻인 '다랗다'가 붙은 말이라서 '기다란'을 '길다란'이라고 착각할 수 있어요. 하지만 이 말이 만들어졌을 때는 받침 'ㄹ'이 'ㄷ' 앞에서 탈락하는 규칙이 있었기 때문에 '기다란'이라고 표기하는 게 맞아요.

📝 팬들은 한정판 앨범을 사기 위해 매장 앞에 <u>기다란</u> 줄을 섰다.

기와집 ⭕ 기왓집 ❌
지붕을 기와로 만든 집

'기와집'은 옛날 사람들이 살던 집이에요. '기와집'이라고 소리 나는 대로 적어요.

📝 조선 시대 양반들은 <u>기와집</u>에 살았다.

기울이다 ⭕ 기우리다 ❌
정성이나 노력을 한곳으로 모으다

'기울이다' 안에는 '기울다'가 들었어요. 예를 들어 '마음이 기울다'에는 '마음이 어느 곳으로 모이다'라는 의미가 있어요. 이 '기울다'에 '-이-'를 넣어서 '마음을 기울이다'로 만들면, '마음이 기울게 하다'라는 말로 '마음을 집중한다'는 의미가 돼요. 반드시 '기울이다'로 적어야 '기울다'의 의미가 포함되었다는 걸 확인할 수 있어요.

📝 귀를 <u>기울이면</u> 매미가 우는 소리를 들을 수 있어.

까다롭다 ⭕ 까탈스럽다 ⭕
조건 따위가 복잡하여 다루기가 어렵다

'까탈스럽다'는 표준어이고 적절한 표기예요. 원래는 '까다롭다'만 표준어였는데, 사람들 사이에서 '까탈스럽다'라는 단어가 많이 쓰이게 되면서 2017년에 표준어로 인정되었답니다.

🔴 예 내 친구는 싫어하는 음식도 많고 입맛이 **까다롭다**(=까탈스럽다).

깎다 ⭕ 깍다 ❌
칼 따위로 물건의 표면을 얇게 벗겨 내다

기본형을 '아', '어' 등의 모음과 연결하여 뒷말의 첫소리를 앞말의 받침으로 돌려주면 정확한 표기를 알 수 있어요. '깎다'의 '깎-'과 모음 '-아'를 연결한 '깎아'는 [까까]로 발음돼요. 여기서 뒷말인 '까'의 첫소리 'ㄲ'을 앞말에 돌려주어서 '깎-'으로 적는 거예요. 만일 '깍다'가 바른 표기라면 모음 '-아'를 연결했을 때 [까가]로 발음했겠지요.

🔴 예 할아버지가 주신 나무를 **깎아** 인형을 만들었다.

깡충깡충 ⭕ 껑충껑충 ⭕ 깡총깡총 ❌
짧은 다리를 모으고 힘 있게 뛰는 모양

토끼가 뛰는 모양을 어떤 말로 표현할 수 있을까요? 그건 표현하는 사람에 따라 다를 거예요. 그래서 그중 사람들이 가장 많이 사용하는 표현인 '깡충깡충', '껑충껑충'을 표준어로 정했어요.

예) 엄마 토끼는 **껑충껑충**, 아기 토끼는 **깡충깡충** 뛰어간다.

꼬드기다 ⭕ 꼬득이다 ❌
남을 부추겨서 어떤 일을 하도록 하는 것

'꼬드기다'는 소리 나는 대로 적어요. 원래의 말이 어떤 말인지 분명하지 않을 때는 소리 나는 대로 적는 것이 맞춤법의 원리랍니다.

예) 공부하는 영선이를 **꼬드겨** 노래방에 갔다.

꼬시다 ⭕ 꾀다 ⭕
남이 어떠한 일을 하도록 마음을 부추기다

'꾀다'와 비슷한 말인 '꼬시다'는 원래 표준어가 아니었어요. 그런데 우리가 이 말을 자주 쓴다는 것이 확인되어서 지금은 표준어로 쓰인답니다.

예) 언니가 밤 10시에 치킨을 시켜 먹자고 **꼬셨다**(=**꾀었다**).

끼어들다 ⭕ 끼여들다 ❌
사이를 비집고 들어서다

'끼어들다'는 표기와 달리 [끼여들다]로 발음돼요. '끼-'가 'ㅣ'로 끝나잖아요. 이 'ㅣ'와 '-어'가 합쳐져 [끼여]로 소리 나는 거예요. 아주 자연스러운 현상이에요. 표준 발음이고요. 하지만 표기는 달라요. '끼여'라고 적으면 '-어'의 의미가 살지 않아요. '-어'는 '끼다'와 '들다'를 연결해 주는 말이에요. 그 의미를 그대로 나타내기 위해서 '끼어'로 써야 해요.

🔘 갑자기 **끼어들어서** 미안한데, 지금 누구 이야기하는 거야?

나가려면 ⭕ 나갈려면 ❌

이 말의 기본형은 '밖으로 이동하다'의 의미인 '나가다'입니다. 이 '나가-'에 '무엇인가를 이루려하다'의 의미인 '-려면'이 붙은 거예요. 그대로 쓰면 '나가려면'이지요. '나갈려면'으로 쓰면 안 돼요. 그럼 기본형이 '나갈다'가 되니까요.

🔘 이 방을 **나가려면** 한 시간 안에 모든 문제를 풀어야 해!

나는 ⭕ 날으는 ❌

'하늘을 나는 아이언맨'을 '하늘을 날으는 아이언맨'으로 잘못 적는 사람이 많아요. '날다'처럼 'ㄹ' 받침을 가진 말인 '갈다, 걸다, 살다'의 앞 글자에 '-는'을 붙여 보세요. '가는, 거는, 사는'이 됩니다. 어떤 경우에도 '갈으는, 걸으는, 살으는'이 되지는 않아요. 그러니 '날다' 역시 '날으는'이 아닌 '나는'이 올바른 표기인 거죠.

예) 피터 팬 영화를 볼 때마다 하늘을 <u>나는</u> 상상을 해.

나더러 ⭕ 날더러 ❌

단어 뒤에 '더러'를 붙이면 '-에게'의 의미가 됩니다. '동생더러'라고 하면 '동생에게'라는 의미지요. '나더러'는 '나에게'라는 의미로 '나'에 '더러'를 붙인 거예요. 여기에 'ㄹ'은 없어요. 그대로 '나더러'라 적는 것이 올바른 표기인 거죠.

예) <u>나더러</u> 이 많은 걸 다 치우라니 너무한 거 아냐?

낚다 ⭕ 낙다 ❌
낚시로 물고기를 잡다

'낚다'에 모음을 연결한 '낚아'를 소리 내어 보세요. 누구든지 이 말은 [나까]로 발음하지요. 뒷말 '까'의 'ㄲ'을 앞말 '나'의 받침으로 돌려주세요. '낚다'로 적는 것은 우리 발음 때문이에요. '낙다'로 적으면 우리는 '고기를 [나가]'로 발음해야 해요. 하지만 아무도 그렇게 발음하지 않지요.

예) 바다에서 아주 큰 물고기를 <u>낚는</u> 꿈을 꿨어요.

낚시꾼 ⭕ 낚싯꾼 ❌

취미로 낚시를 가지고 고기잡이를 하는 사람

'낚시꾼'은 '낚시 + 꾼'이지만 '낚싯꾼'으로 적을 수 없는 말이랍니다. 'ㅅ'을 넣으려면 '낚시'와 '꾼'이 각각 혼자 쓰일 수 있는 말이어야 하거든요. 하지만 '꾼'은 혼자 쓰일 수 없어요. 각각 혼자 쓰일 수 있는 말이라서 'ㅅ'을 넣은 단어로는 '초 + 불'인 '촛불'이 있어요.

예 이 섬에는 <u>낚시꾼</u>이 많이 온대요.

더 알아보기

낚시꾼의 표기는 '나무꾼, 소리꾼'의 표기 원리와 같아요.

- **나무꾼** ― 뜻: 땔나무를 하는 사람
  예 선녀와 <u>나무꾼</u>의 결말이 뭔 줄 알아?

- **소리꾼** ― 뜻: 판소리 등을 아주 잘하는 사람
  예 지금 네 앞에 있는 저 사람, 아주 유명한 <u>소리꾼</u>이야.

낚시터 ⭕ 낙시터 ❌
낚시할 수 있는 공간

'낚시'는 '물고기를 낚는 것'이니, '낚다'라는 기본형과 표기가 같아야겠지요. 그래야 같은 모양의 글자로 같은 의미를 전달할 수 있으니까요. 같은 의미는 동일하게 표기한다는 것, 이것이 표기에서 중요한 원칙이랍니다.

예) 아무 데서나 이렇게 낚시하시면 안 돼요. 저쪽 **낚시터**에 가셔서 하세요.

낚싯대 ⭕ 낚싯바늘 ⭕ 낚싯줄 ⭕
낚시의 대, 낚시의 바늘, 낚시의 줄

'낚싯대', '낚싯바늘', '낚싯줄'처럼 앞말과 뒷말이 각각 의미를 가져서 혼자 쓰일 수 있는 말이면 두 단어 사이에 'ㅅ'을 적을 수 있어요.

예) 오늘은 네가 처음으로 낚시하는 날이니까, 우선 저 가게에서 **낚싯대**, **낚싯바늘**, **낚싯줄**을 사자.

더 알아보기

앞말과 뒷말이 각각 의미를 가진 경우라도 항상 둘 사이에 'ㅅ'을 적는 것은 아니에요. 'ㅅ'을 적기 위해서는 아래와 같은 **3가지 조건**이 필요해요.

① 의미가 '○○의 ○○'인가?
  예) 낚시의 대, 낚시의 바늘, 낚시의 줄

② 고유어가 들었는가?
  예) 낚시(고유어), 대/바늘/줄(고유어)

③ 뒷말 첫소리가 된소리인가?
  예) [낙씨때], [낙씨빠늘], [낙씨쭐]

이렇게 순우리말 또는 순우리말과 한자어로 두 개 이상의 단어가 합쳐졌을 때, 두 단어 사이에 적는 'ㅅ'을 **'사이시옷'**이라고 말해요. 중요한 원칙이니 기억해 두세요.

낚아채다 ⭕ 나꿔채다 ❌

힘차게 잡아당기다 혹은 남의 물건을 빼앗거나 가로채다

'낚아채다'는 '낚다'와 '채다'가 합쳐진 단어예요. 따라서 '낚아채다'로 적어야 '낚다'라는 단어의 의미와 연결할 수 있어요. '나꿔채다'라고 쓰면 '낚다'의 의미와 연결할 수 없겠지요.

예 나윤이가 나에게 쪽지를 주자마자 정한이가 **낚아채었다**.

날개 돋친 듯 ⭕ 날개 돋힌 듯 ❌

'날개 돋친 듯 팔리다'는 '빠른 속도로 팔려 나가다'라는 뜻이에요. 여기서 '날개가 돋다'는 '날개가 생겼다'라는 의미예요. '돋다'에 '-치-'를 넣으면 강조의 의미가 생깁니다. '돋다'보다 '돋치다'가 좀 더 강한 말이라는 뜻이지요. 이때 '-히-'를 넣어 '돋히다'로 쓰면 안 됩니다. '-히-'는 우리말에서 '어떤 일을 당하다'라는 의미를 덧붙이는데 '돋다'와는 어울리지 않아요.

예 내가 만든 음식이 **날개 돋친 듯** 팔리다니 감동이야!

날아가다 ⭕ 날라가다 ❌
공중으로 날면서 가다

'날아가다'는 어떤 의미인가요? 날아서 가는 거죠. '날다'의 '날'을 그대로 적어서 의미를 밝혀 주어야 해요. 한편 '날라'의 기본형인 '나르다'는 '물건을 옮기다'라는 의미예요. 그러니 '새가 날아간다'가 아닌 '새가 날라간다'로 잘못 적으면 '새가 물건을 옮겨 간다'라는 이상한 말이 되겠지요.

예) 집에서 학교까지 가는 길이 너무 멀어서 가끔은 <u>날아가고</u> 싶어.

남녀 ⭕ 남여 ❌
남자와 여자를 이르는 말

'남여'는 잘못된 표기입니다. '남'과 '여'를 합친 단어가 분명한데 왜 그럴까요? '남(男)'과 '여(女)'는 모두 한자입니다. 여기서 '여(女)'의 원래 발음은 '녀'예요. '신사 숙녀' 할 때의 마지막 글자가 이 한자이지요. 그런데 우리말 단어의 첫머리에는 '녀'가 올 수 없거든요. 그래서 'ㄴ'이 없어진 '여'로 쓰는 거예요. '여자', '여인', '여성' 모두 이 경우이지요. 하지만 '남녀'에서 '녀'는 단어 첫머리에 오는 게 아니잖아요. 그래서 한자음 그대로 '녀'로 적어야 합니다.

🔴 예) 나는 <u>남녀</u> 공학에, 희연이는 여자 중학교에 배정되었어.

더 알아보기

남자와 여자, 늙은이와 젊은이 모든 사람을 이르는 **'남녀노소'**라는 말이 있지요. 생각보다 어려운 말이니, 한번 알아보기로 해요.

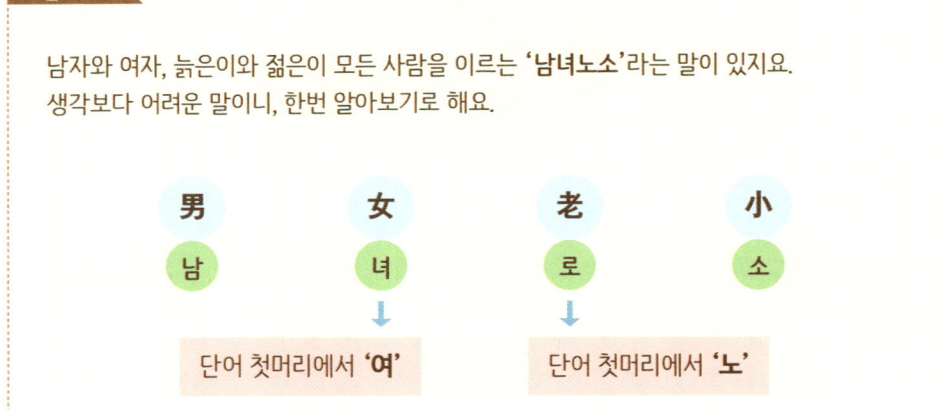

위 그림대로라면 '남녀로소(×)'로 써야 하는 것이 아닐까요? '로'가 단어의 첫머리에 온 게 아니니까요. 그렇지 않아요. 이 단어는 '남녀'에 '노소'가 붙은 말이거든요. '노소'에서 '로(老)'는 단어의 첫머리이니 '노'로 쓰는 게 맞아요. 그래서 이 단어는 언제나 '남녀노소'로 써야 한답니다.

🔴 예) 유재석은 <u>남녀노소</u> 할 것 없이 모두가 좋아해.

납작하다 ⭕ 납짝하다 ❌
판판하고 얇으면서 넓다

'납작하다'는 '납작'에 '하다'가 붙은 말이지요. 한 덩어리인 말 '납작'을 소리 내어 보세요. [납짝]이라 발음합니다. 앞말의 받침이 'ㄱ, ㄷ, ㅂ'으로 소리 나면 뒷말은 무조건 된소리로 나는 것이 우리말의 강력한 법칙이에요. 하지만 이렇게 이유가 분명한 된소리는 예측할 수 있기 때문에 표기에는 반영하지 않는답니다. '납작'에서 '납'의 받침은 'ㅂ'이니까 당연히 뒷말이 된소리인 [짝]으로 소리 나겠지요? 이렇듯 소리를 예측할 수 있으니 '납짝'이 아닌 '납작'이라고 적는 거예요.

예 나는 둥근 만두보다 **납작한** 만두가 더 맛있더라.

낭떠러지 ⭕ 낭떨어지 ❌
깎은 듯한 언덕

'낭떠러지'는 '절벽', '벼랑'을 가리키는 말이에요. 여기서 '낭'은 옛말로 이미 사라진 단어이고요, '떠러지' 역시 옛말의 흔적이에요. 오늘날에 이렇게 끝나는 말은 없거든요. 옛말의 흔적인 '낭떠러지'는 그냥 소리 나는 대로 적어요. 어디서 온 것인지 분명하지 않은 말은 소리 나는 대로 적는 것이 원칙이랍니다.

예 **낭떠러지**에서 떨어지는 꿈을 꿨는데, 아침에 일어나 보니 침대에서 떨어져 있었어.

낯설다 ⭕ 낯설다 ❌
전에 본 기억이 없어 익숙하지 않다

'낯'은 '얼굴'을 가리키는 말입니다. '민낯' 할 때의 '낯'이 이 말이지요. '설다'는 '익숙하지 않다'라는 의미이고요. 그러니 '낯설다'는 '얼굴이 익숙하지 않다'라는 뜻을 가진 순우리말이에요. 이 말을 '낮설다'로 잘못 적으면 안 됩니다. '낮'은 '하루의 어떤 부분'을 가리키는 말이니까요.

🔴 예 승관이가 공부를 다 하다니 정말 <u>낯선</u> 일이다.

내로라하는 ⭕ 내노라하는 ❌

'내로라하는 사람'이란 '어떤 분야를 대표할 만한 사람'이라는 의미입니다. 사실 '내로라'는 '나다'의 옛날식 표현 '나이로라'를 줄인 말이에요. 이 의미를 모르는 사람은 이 말이 '내놓다'에서 온 것이라 생각하지요. 그래서 '내노라'라고 잘못 쓰지만 '내로라'가 올바른 표현이에요.

🔴 예 우리나라에서 <u>내로라하는</u> 연예인들이 다 모인 시상식이야.

냄비 ⭕ 남비 ❌
음식을 끓이거나 삶는 데 쓰는 도구 중 하나

'냄비'는 오래전 외국에서 온 말이에요. 이런 말을 '외래어'라고 하지요. 처음 이 말이 들어왔을 때는 '남비'로 적었어요. 하지만 이 단어가 오래 널리 쓰이면서 '냄비'로 바뀌었어요. 발음을 편하게 하다 보니 앞뒤의 모음이 비슷해진 거예요. 지금은 그 편한 발음인 '냄비'가 표준어가 되었어요.

예 무엇이든 맛있게 끓이려면 **냄비**가 중요하지 않겠어요?

> **더 알아보기**
>
> 왜 앞뒤의 모음이 비슷해진 걸까요? 연속된 비슷한 소리로 편하게 발음하려고 생기는 일이에요. '남비'의 '비'에는 'ㅣ'가 있는데 앞의 '남'에는 'ㅣ'가 없잖아요. 뒤의 'ㅣ'가 앞말의 'ㅏ'를 'ㅐ'로 바꾸어 자신과 비슷한 발음이 나게 하는 거예요. 이렇게 발음이 같아지게 하는 것을 '**동화**'라고 한답니다.

널빤지 ⭕ 널판지 ❌
판판하고 넓은 나뭇조각

'널빤지'의 '널'은 '널뛰기'의 '널'과 같은 말이에요. 널뛰기할 때의 기다란 나무판자가 '널'이에요. 그러면 '빤지'는 뭘까 궁금하겠지만, 우리는 '빤지'가 무엇인지 알 수 없어요. 이렇듯 어디서 온 단어인지 알 수 없을 때는 그 단어를 소리 나는 대로 적으면 돼요. 그래서 소리 그대로 '널빤지'라 적는 거예요. 한편, '판지'는 '두껍고 단단하게 널빤지 모양으로 만든 종이'예요. 하지만 '널빤지'는 종이가 아니잖아요. 그래서 '널판지'는 틀린 말인 거죠.

예 널뛰기 행사를 위해 긴 **널빤지**를 준비했다.

널찍하다 ⭕ 넓직하다 ❌
공간이 두루 넓다

'널찍하다'가 '넓다'라는 의미를 가졌으니 '넓'을 넣어야 한다고 생각해서 잘못 쓰는 일이 많아요. 그런데 사실 '널찍하다'는 '넓다'가 아니라 '너른 마루' 할 때의 '너르다'와 관련된 말이에요. 옛날에는 '넓다'라는 말이 없었어요. 그냥 사방이 긴 것을 '너르다'라고 했지요. 백 년 전 즈음에 '넙다'와 '너르다'를 합친 '넓다'가 처음 생긴 거예요. '널찍하다'는 '넓다'가 생기기 전에 만들어진 말이라 '넓'을 표기에 반영하지 않는 것이랍니다.

🔴 예 우리 강아지 쫑이가 마음껏 뛰어놀 수 있는 <u>널찍한</u> 마당을 갖는 게 소원이야.

네가 ⭕ 너가 ❌ 니가 ❌

'나, 너'를 주어로 만들 때는 '나가, 너가'가 아닌 '내가, 네가'라고 합니다. 목적어일 때는 '나를, 너를'이라 하는데 말이죠. 여기에는 역사적인 이유가 들어있어요. 아주 옛날에는 '가'라는 주격 조사가 없었답니다. '나', '너'에 'ㅣ'를 붙인 '내, 네' 자체가 주어였어요. '사람이' 할 때의 '이'처럼 '나, 너'에 'ㅣ'를 붙인 거예요. 이 '내, 네'를 많이 쓰다 보니 '내, 네'가 한 덩어리로 굳었어요. 그러다 보니 나중에 주격 조사 '가'가 생긴 후에는 이 한 덩어리인 '내, 네' 뒤에 '가'가 붙게 된 거지요. 우리가 조심할 점은, '네'를 '니'로 적지 않는 거예요. [내]와 [네]의 발음이 비슷해서 [네]를 [니]로 말하는 것은 흔한 일이에요. 하지만 적을 때는 꼭 '네'로 써야 한답니다.

🔴 예 <u>네가</u> 뭘 잘못했는지 스스로 깨달을 때까지 반성 의자에 앉아 있으렴.

놀라다 ⭕ 놀래다 ❌

뜻밖의 일이나 무서움에 가슴이 두근거리다

'놀라다'를 '놀래다'로 적지 않도록 하세요. 우리말 동사에 'ㅣ'가 들어가면 '당하다' 혹은 '시키다'의 의미가 생깁니다. '깜짝 놀라다'에는 '당하다'의 의미도 '시키다'의 의미도 없어요. 그러니 '놀라다'라고 씁니다.

예) 우리 집 강아지 사진 한 장 올렸을 뿐인데 갑자기 SNS 팔로워 수가 늘어나 <u>놀랐어</u>.

눈곱 ⭕ 눈꼽 ❌

눈에서 나오는 진득진득한 액 또는 그것이 말라붙은 것

단어와 단어 사이에 'ㅅ'을 넣으려면 세 가지 조건을 지켜야 해요. 첫째, '○○의 ○○'이라는 뜻이어야 해요. 둘째, 둘 중 한 단어라도 순우리말이어야 해요. 셋째, 뒷말의 첫소리가 된소리가 되어야 해요. '눈곱'은 '눈의 곱'이에요. '곱'이 '이물질'이라는 뜻이거든요. 또 '눈'도 '곱'도 순우리말이지요. 거기다 뒷말 '곱'의 첫소리가 된소리가 되어 [꼽]으로 발음해요. 이렇게 세 가지 요건을 지키니 '눈'과 '곱' 사이에 'ㅅ'을 넣어야 하는데, 앞말 '눈'에 이미 받침이 있네요. 'ㅅ'을 쓸 수 있는 장소가 없어서 안 쓰는 거예요. 옛날에는 '눖곱'으로 적기도 했지만 글자가 너무 복잡해지잖아요. 그래서 이제는 이런 복잡한 표기를 하지 않기로 정한 거예요. 된소리가 나는 이유가 분명하니까 발음을 표기에 반영하지도 않는답니다.

예) 아침에 늦잠을 자서, <u>눈곱</u>도 못 뗀 상태로 학교를 가야 했다.

눈살 ⭕ 눈쌀 ❌
두 눈썹 사이에 잡히는 주름

단어와 단어 사이에 'ㅅ'을 적을 수 있는 조건이 있어요. '○○의 ○○'이라는 의미이고, 한 단어라도 순우리말이어야 해요. 또 뒷말의 첫소리가 된소리로 나야 해요. '눈살'은 '눈의 살'이에요. '눈'이나 '살' 모두 순우리말이고요. 발음도 [눈쌀]이에요. 사이에 'ㅅ'을 적을 수 있는 말이지요. 그런데 '눈'에 이미 'ㄴ' 받침이 있으니 'ㅅ'을 적지 않는 거예요. 조건에 맞더라도 앞말에 받침이 있으면 'ㅅ'을 첨가하지 않고 뒷말을 된소리로 표기하지도 않아요.

🔴 예 선생님께 예의 없이 행동하는 민수를 보고 모두가 <u>눈살</u>을 찌푸렸다.

-는지 ⭕ -런지 ❌ -른지 ❌

'먹는지, 먹었는지, 먹을는지'에서 '-는지'는 모두 같은 거예요. '불확실한 것이 궁금함'이라는 뜻을 덧붙일 때 쓰는 말이지요. 그런데 '먹을는지'는 발음이 [머글른지]로 나거든요. 그래서 소리대로 '-른지'나 '-런지'로 잘못 쓰는 경우가 많아요. 하지만 '-는지'로 적어야 정확한 의미가 전달됩니다.

🔴 예 왜 내가 무엇을 얼마나 <u>먹을는지</u> 궁금한 거야?

다달이 ⭕ 달달이 ❌
달마다

'다달이'의 '달'은 '한 달' 할 때의 달이에요. 이 단어 안에는 '달'이 두 번 들었어요. '달 + 달 + 이'로 이루어진 말이거든요. 그렇다면 맨 앞 '달'의 'ㄹ'은 어디 갔을까요? 이 말이 만들어졌던 옛날에는 'ㄷ' 앞에서 'ㄹ'이 없어지는 규칙이 있었어요. 그때 만들어진 단어여서 '다달이'가 된 거지요. 그런데 왜 '불닭'에서는 'ㄹ'이 안 없어질까요? 요새는 그런 규칙이 없어졌고, '불닭'은 최근에 생긴 말이라 'ㄹ'이 안 없어지는 거예요.

예) <u>다달이</u> 성적이 오를수록 공부하는 게 재미있어질 거야.

닦달하다 ⭕ 닥달하다 ❌
남을 단단히 윽박질러서 혼내다

'닦달하다'를 '닥달하다'로 잘못 쓰지 않도록 하세요. '닦달하다'와 비슷한 의미인 '닦아세우다'와 함께 기억하면 올바르게 표기할 수 있어요. '닦아세우다'의 '닦아'를 발음해 보면 [다까]가 되잖아요. 이때 '까'의 'ㄲ'을 앞말의 받침으로 돌려주세요. 그러면 '닦아'라는 표기가 되지요. 만일 '닥아세우다'라 쓴다면 발음은 [다가세우다]가 되어야 하거든요. 아무도 그렇게 발음하지 않아요. 의미가 같은 말은 같은 표기로 적어야 하니 '닦달하다'의 첫음절도 '닦아세우다'와 같이 받침에 'ㄲ'을 쓰는 것이랍니다.

예) 동생이 요구르트를 먹고 싶다고 <u>닦달해서</u> 결국 편의점에 다녀왔다.

담그다 ⭕ 담구다 ❌

김치·술·장·젓갈 따위를 만드는 재료를 버무리거나 물을 부어서, 익거나 삭도록 그릇에 넣어 두다

'담그다'는 '김치를 담그다, 술을 담그다, 간장을 담그다'로 쓰이지요. 주로 음식과 관련해 쓰여요. 이 '담그다'는 '아/어'를 만나면 '담가', '담가서'처럼 'ㅡ'가 없어져요. 함께 기억해 두세요.

예 어제 엄마와 함께 <u>담근</u> 김치가 정말 맛있다.

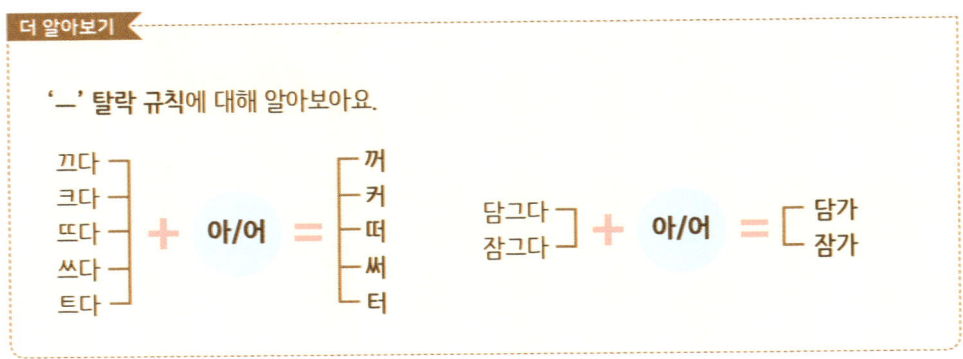

덥석 ⭕ 덥썩 ❌

왈칵 달려들어 물거나 움켜잡는 모양

단어 '덥석'은 쪼개지지 않아요. '덥'과 '석'으로 쪼개면 아무 의미가 없으니까요. 단어가 쪼개지지 않을 때 앞말의 받침이 'ㄱ, ㄷ, ㅂ'이면 뒤에는 자동으로 된소리가 나요. 예외 없는 규칙이어서 예측할 수 있고, 예측 가능하기 때문에 표기에 반영하지 않아요. 따라서 '덥석'을 발음할 때는 뒷말의 첫소리가 [썩]이 되어 [덥썩]으로 소리 나지만 예측 가능하기에 표기에는 반영하지 않는답니다.

예 배고파서 떡을 <u>덥석</u> 베어 물었는데, 내가 싫어하는 팥이 들어 있었다.

돌 ⭕ 돓 ❌
아기가 태어난 지 한 해가 되는 날

아기가 태어난 지 한 해가 되는 날을 '첫돌'이라 합니다. '돌잔치'는 첫돌을 축하하는 자리지요. 어른들이 다니는 '회사'가 처음 생긴 날을 기념하는 잔치도 있는데, 그럴 때 역시 '돌'을 씁니다. 이전 맞춤법에서는 '돌'과 '돓'로 '아기의 생일'과 '회사 창립 기념일'을 구분했었지만 지금은 모두 '돌'로 씁니다.

🔴 예) 회사가 생긴 지 50년 되어서 여는 행사를 '50돌 기념 행사'라고 해요.

되뇌다 ⭕ 되뇌이다 ❌
같은 말을 되풀이해 말하다

요새는 잘 쓰지 않는 말이지만 '뇌다'라는 말이 있어요. '한 말을 여러 번 말하다'라는 의미예요. 이 '뇌다'에 '되풀이하다'라는 의미의 '되'가 붙은 말이 '되뇌다'입니다. 이 말은 주어가 스스로 하는 행동이니까 '이'가 필요 없어요. 따라서 '되뇌이다'로 적지 않습니다. 또한 '되뇌어'를 '되뇌여'로 잘못 적지 않도록 하세요. '되뇌여'로 적으면 기본형이 '되뇌이다'가 되거든요.

🔴 예) 아무리 **되뇌어** 봐도 재민이가 나에게 했던 말이 이해되지 않아.

되다 ⭕ 돼다 ❌

우리말에 '돼다'라는 말은 없어요. '돼'는 '되어'의 준말이에요. '되'로 적을지 '돼'로 적을지를 고민할 때는 그 말이 '되어'로 바뀌는지를 확인하면 됩니다. 바꿀 수 없으면 '되', 바뀌면 '돼'로 적습니다.

예) '<u>되지</u>'와 '돼지'를 헷갈려 하는 사람들이 아주 많대.

두루마리 ⭕ 두루말이 ❌

길게 둘둘 만 물건

'계란말이'는 '계란을 부쳐 말아 만든 음식'이고, '김말이'는 '야채나 당면을 김으로 말아 만든 음식'이에요. 이 두 단어는 모두 둘둘 마는 행동의 대상에 해당하는 것이 분명해서 '-말이'로 적습니다. '계란말이'에는 '계란'이, '김말이'에는 '김'이 그 대상에 해당하지요. '두루마리'는 그렇지 않아요. 둘둘 만 물건을 두루 가리키는 말이거든요. '김말이'나 '계란말이'처럼 대상이 분명하지 않기 때문에 그냥 소리 나는 대로 적는 거예요. 원말에서 조금 거리가 생겼다고 판단해서 '두루마리'가 올바른 표기가 된 거랍니다.

예) 환경을 위해서 <u>두루마리</u> 휴지를 아껴 써야 해.

등굣길 ⭕ 등교길 ❌

학생이 학교로 가는 길

'등굣길'은 '등교'에 '길'을 합친 말이에요. 그런데 왜 '등교길'이라 적지 않고 '등굣길'이라 적어야 할까요? 두 단어 사이에 'ㅅ'을 적는 경우 세 가지 요건이 맞아야 해요. 첫째, '○○의 ○○'라는 의미여야 해요. '등교의 길'이니 의미가 맞네요. 둘째, 둘 중 하나는 순우리말이어야 해요. '등교'는 한자어지만 '길'은 순우리말이니 요건에 맞아요. 마지막은 발음을 확인하는 거예요. [등교낄]로 소리 나니까 뒷말이 된소리로 발음된 게 맞지요. 그래서 '등굣길'이라고 적는 거예요.

예) <u>등굣길</u>에 문구점에 들러서 공책이랑 필통을 살 거야.

떡볶이 ⭕ 떡뽁기 ❌

가래떡을 적당한 크기로 잘라 여러 가지 채소를 넣고 양념하여 볶은 음식

'떡볶이'는 의미를 잘 나타낸 표기예요. 글자에 의미가 그대로 들었기 때문이지요. 글자를 보면 '떡을 볶은 것'이라는 의미가 그대로 보이잖아요. '볶이'에서 'ㄲ'이 맞는지를 보려면 발음을 확인하면 돼요. [보끼]로 소리 냄을 확인해서 'ㄲ'을 앞말의 받침에 적어 주면 되는 거지요.

예) <u>떡볶이</u> 시킬 건데, 매운맛 몇 단계로 할래?

떼쓰다 ⭕ 때쓰다 ❌
부당한 일을 해 줄 것을 억지로 요구하거나 고집하다

'떼쓰다'와 '때쓰다'가 헷갈린다면 '떼'와 '때'의 의미를 생각해 보면 됩니다. '때'는 '시간' 또는 '몸에서 나오는 더러운 것'이라는 의미이지요. '시간을 쓰다'나 '더러운 것을 쓰다'라는 말은 이상하잖아요. 그러니 '때쓰다'는 잘못된 말인 거예요. 반면 '떼'는 '고집이나 억지'라는 의미예요. 따라서 '떼쓰다'는 '부당하게 요구하거나 고집하는 것'이라는 올바른 말이랍니다.

예 너 핸드폰 바꾼 지 얼마 안 됐잖아. 아무리 **떼써도** 안 사줄 거야.

띄어쓰기 ⭕ 띠어쓰기 ❌
글을 쓸 때, 어떤 말을 앞말과 띄어 쓰는 일

'띄어쓰기'가 맞는 표기입니다. '띄어쓰기'는 글자와 글자 사이를 뜨게 해서 적는 것이에요. '띄어'의 '띄'는 '뜨-'에 'ㅣ'를 넣은 말이에요. 단어에 'ㅣ'를 넣으면 '-게 하다'의 의미가 생겨요. '먹다', '먹이다'의 관계처럼요. '먹이다'는 '먹게 하다'의 의미잖아요. 그러니 '띄다'는 '뜨게 하다'라는 의미이지요. 이 '뜨다'의 의미가 사라지지 않도록 '띄어쓰기'라고 적어야 해요.

예 **띄어쓰기**도 연습하다 보면 어렵지 않아요.

마라 ⭕ 말아라 ❌

상황 속에서 한번 생각해 봅시다. 공부하는데 동생이 자꾸 귀찮게 굴어요. 아무리 말려도 말을 안 들어요. 화는 나지만, 마지막으로 말려 볼 거예요. 세 글자로 말려 보세요. '하지 마.' 네 글자로 말려 볼까요? '하지 마라.' 여기서 '마'와 '마라'의 기본형은 '말다'예요. '말다'는 명령형으로 쓰일 때 'ㄹ'이 없어진답니다. 비슷한 모양인 '갈다, 굴다, 살다' 등은 명령형으로 바꿔도 '갈아라, 굴어라, 살아라'로 쓰이며 'ㄹ'이 탈락하지 않지만, '말다'만 명령할 때 '마, 마라'처럼 'ㄹ'이 없어진답니다.

예) 이거 진짜 비밀이니까 어디 가서 말하지 <u>마라</u>.

막아 ⭕ 막어 ❌

지금 치킨 내기 축구 경기를 하고 있어요. 우리가 1점 앞서는 상황이지요. 시간도 얼마 남지 않았어요. 그 순간 상대 선수가 우리 골대를 향해 공을 찼어요. 이때 우리는 골키퍼에게 뭐라고 말하나요? '막아!!!'라고 하지요. 이렇듯 발음은 상황 안에서 일상적인 속도로 말할 때 쉽게 확인할 수 있어요. 이처럼 '막다'에는 언제나 '-아'가 붙어 '막아'로 쓰인답니다.

예) 손흥민 선수가 차는 공은 아무도 못 <u>막아</u>.

먼지떨이 ⭕ 먼지털이 ❌
먼지를 떠는 기구

'떨다'와 '털다'는 모두 '붙은 것을 떼어 낸다'라는 뜻이에요. 하지만 '털다'가 '떨다'보다 의미가 더 큽니다. 맞춤법에서는 '담뱃재, 먼지, 옷에 얹힌 눈'과 같은 작은 것들은 가볍게 떨어낸다고 보아 '떨다'를 쓰도록 되어 있답니다. 그러니 먼지를 떠는 도구는 '먼지떨이'가 올바른 표기인 거죠. 마찬가지 이유로 '재떨이'가 맞는 표현입니다.

예) 민현아, 청소 도구함에서 <u>먼지떨이</u> 좀 갖다줄래?

멋쩍다 ⭕ 멋적다 ❌
어색하여 어울리지 않다

가끔 '멋쩍다'의 의미를 '멋이 적다'라 생각해서 '멋적다'라고 쓰는 일이 있어요. 하지만 이것은 잘못된 표기예요. 이 단어와 비슷한 구성으로 되어 있는 단어들과 비교하면 금방 알 수 있어요. '멋쩍다, 객쩍다, 겸연쩍다'의 뒷말 '쩍다'는 '적다'라는 뜻이 아니에요. 어떤 의미인지 분명하지 않아서 소리 나는 대로 적는답니다.

예 장기 자랑이라고 아이돌처럼 화장하고 옷을 입으니 괜히 <u>멋쩍어</u>.

메밀국수 ⭕ 모밀국수 ❌
메밀가루로 만든 국수

'메밀'은 곡식이에요. 주로 가루로 만들어 국수나 묵을 해 먹지요. 이 메밀로 만든 국수가 '메밀국수', 묵이 '메밀묵'이에요. 가끔 이 국수를 '모밀국수'라고 잘못 쓰는 경우가 있습니다. '메밀'을 '모밀'로 잘못 쓰면 메밀가루로 만든 음식이라는 것을 알 수 없어요. 맞춤법은 정확한 의미 전달을 위한 약속이니 같은 의미의 말은 같은 모양으로 적어야 해요.

예 우리 집 근처에 <u>메밀국수</u> 진짜 잘하는 식당이 생겼어. 같이 가자.

며칠 ⭕ 몇 일 ❌
그달의 몇 째 되는 날 혹은 몇 날

달에 대해서는 '몇 월'이 맞는 표기이고, 날짜에 대해서는 '며칠'이 맞는 표기예요. 발음해 보세요. '몇 월'은 [며뒬]로 소리 나요. 절대로 [며췰]로 소리 나지 않아요. '몇 + 월'에서 '월'이 자기 의미를 지키려고 'ㅊ'이 넘어오는 것을 막기 때문이에요. 반면 '몇 + 일'은 [며딜]이 아닌 [며칠]로 소리 나요. '일'이 앞의 'ㅊ'이 오는 것을 막지 않은 거죠. 이럴 때는 소리 나는 대로 적어야 해요. 그래서 '며칠'이 맞는 말인 거예요.

🔴 예 네 생일은 몇 월 **며칠**이야?

모자라다 ⭕ 모자르다 ❌
기준이 되는 양이나 정도에 미치지 못하다

'모자라다'가 맞는지 '모자르다'가 맞는지 혼동된다면 관련된 예문을 많이 만들어 연습하세요. '모자란 돈, 모자란 부분, 모자란 공부, 모자란 시간' 등으로요. 기본형 '모자라다'의 변신형인 '모자란, 모자라고, 모자라서' 등으로 연습해도 됩니다.

🔴 예 선미랑 노는 건 너무 재미있어서 24시간도 **모자라**.

무르팍 ⭕ 무릎팍 ❌
'무릎'을 속되게 이르는 말

'무르팍'은 '무릎'이라는 단어에서 왔어요. '무르팍'이 '무릎'보다 좀 더 속된 말이지요. '무르팍'이 '무릎'에서 왔으니 그 의미를 살리려면 '무릎악'이나 '무릎팍'이라 쓰는 게 더 좋지 않냐고요? 그렇지 않아요. '무릎악'이나 '무릎팍'으로 적으면 마지막 글자의 뜻이 무엇인지 알 수가 없고 오히려 혼동돼요. 어디에서 온지 알 수 없는 단어가 있을 때는 소리대로 쓰는 것이 원칙이에요. 따라서 소리 그대로 '무르팍'이라 적는 거지요.

🔴 예 동생을 놀리다가 넘어져서 **무르팍**이 까졌다.

무릅쓰다 ⭕ 무릎쓰다 ❌

참고 견디다

'무릅쓰다'의 안에는 '무릎'의 의미가 들어 있지 않아요. 그러니 '무릎쓰다'로 잘못 적으면 안 된답니다. '무릎쓰다'라고 적으면 '무릎을 쓴다'라는 이상한 의미가 되니까요.

📌 예 김연아 선수는 고난을 <u>무릅쓰고</u> 올림픽 금메달을 땄다.

뭉게구름 ⭕ 뭉개구름 ❌

뭉게뭉게 피어올라 모양이 확실하게 나타나는 구름

'뭉게뭉게'라는 단어가 있어요. '연기나 구름이 둥근 모양으로 잇따라 나오는 모양'을 가리키는 말이에요. 이 모양으로 생기는 구름을 '뭉게구름'이라 합니다. 'ㅔ'와 'ㅐ'의 소리 구분이 쉽지 않아서 '뭉개구름'이라 적을 수 있으나, '뭉게구름'으로 표기하는 것이 맞아요.

📌 예 수평선 위로 <u>**뭉게구름**</u>이 피어오른다.

더 알아보기

우리말에는 'ㅐ'와 'ㅔ', 두 모음으로 구분하는 단어가 아주 많지만 발음 구분이 어려워요. 'ㅐ'와 'ㅔ' 모음을 가진 단어를 보면서 알맞은 표기를 확인해 보아요.

'ㅐ'와 'ㅔ'가 헷갈리는 단어
- 'ㅐ'로 적는 단어: 지우개, 찌개, 날개, 덮개, 번개, 안개, 베개
- 'ㅔ'로 적는 단어: 가게, 게으름, 집게, 뭉게뭉게, 무게

바라요 ⭕ 바래요 ❌

'잘되길 바래요'라고 말하는 것은 잘못된 표기예요. 기본형이 '바래다'가 아닌 '바라다'거든요. 어떤 소망을 말할 때 주로 쓰는 말이지요. 기본형을 확인해서 기본형과 표기가 같아지게 해야 합니다.

- 예) 내일이 개학인데 같은 반 친구들과 잘 어울릴 수 있기를 바라요.

바람 ⭕ 바램 ❌

어떤 일이 이루어지기를 기다리는 간절한 마음

'소망'을 의미하는 단어는 '바람'입니다. '무엇인가를 소망하다'라는 의미를 가진 기본형 '바라다'로부터 온 말이니까요. 이 말을 '바램'이라고 잘못 말하거나 적는 일이 없어야 해요.

- 예) 우리 가족 모두가 건강한 것이 나의 바람이야.

발자국 ⭕ 발자욱 ❌ 발짜국 ❌

발로 밟은 자리에 남는 모양

'발자국'을 쓸 때는 두 가지를 기억하세요. 먼저, 소리 나는 대로 '발짜국'이라 쓰면 안 돼요. '발의 자국'이라는 의미를 그대로 보여 주려면 '짜국'이라 적으면 안 되는 것이지요. 또한, '발자욱'으로 적는 것도 안 돼요. 옛날에는 '발자욱'이라 발음하기도 했대요. 하지만 지금은 그렇게 발음하지 않지요. '발'과 '자국'이 합쳐졌다는 것만 알면 표기가 어렵지 않아요.

- 예) 공룡 발자국이 아직도 남아 있다니 놀랍지 않나요?

방귀 ⭕ 방구 ❌

음식물이 배 속에서 발효되는 과정에서 나오는 무색 기체

'방귀'를 '방구'라고 적지 않도록 하세요. 이 말은 방언이 거든요. 표준어는 현재 서울말 발음을 중심으로 하니까 서울말인 '방귀'라 적는 거예요. 600년 전의 책에도 '방귀'라는 단어가 나와요. 역사적 전통을 따른 맞춤법을 제대로 지키는 것이 좋겠지요.

예) 고구마를 먹으니 자꾸 **방귀**가 나와요.

범칙금 ⭕ 법칙금 ❌

교통 법규를 어긴 사람에게 매기는 벌금

어떤 사건을 일으킨 사람을 두 글자로 뭐라고 하나요? '범인'이라 하지요. 이 '범인'의 '범'과 '범칙금'의 '범'은 같은 한자입니다. '범할 범(犯), 법 칙(則), 쇠 금(金)'의 의미가 그대로 '범칙금'의 의미가 되는 거지요. 가끔 이 단어를 '법칙금'이라고 잘못 쓰는 사람이 있어요. 그러면 '법을 어긴다'라는 의미가 없어지니 안 돼요.

예) 무단 횡단을 하면 **범칙금**이 부과된다.

벗다 ⭕ 벚다 ❌

사람이 자기 몸 또는 몸의 일부에 착용한 물건을 몸에서 떼어 내다

'벗다'를 '벚다'로 잘못 쓰지 않도록 하세요. 정확한 받침을 확인하고 싶으면 모음을 연결해 보면 됩니다. '옷을 벗은[버슨]' 이렇게요. [버즌]이라고 발음하지 않으니 '벗다'가 바른 표기예요.

예) 교실이 너무 더워서 웃옷을 **벗은** 채로 있었다.

벚꽃 ⭕ 벗꽃 ❌

벚나무의 꽃

'벚꽃'인지 '벗꽃'인지 헷갈리나요? 그럴 수 있어요. 어떻게 쓰든 [버꼳/벋꼳]으로 소리 나니까요. '벚'이 단독으로 쓰이는 일이 없어 더 어렵게 느낄 수 있어요. 하지만 사물의 이름은 그 표기까지 명확히 구분해 두어야 하니 '벚꽃'으로 쓴다는 점을 꼭 기억해 두세요.

예 봄에 **벚꽃** 아래에서 날씨와 어울리는 노래를 듣는 건 낭만적이야.

베개 ⭕ 배게 ❌ 베게 ❌

잠을 자거나 누울 때 머리에 받치는 물건

'베개'는 '베다'에 '-개'를 붙인 말이에요. 이 '-개'가 붙으면 앞말에 관련된 사물이 된답니다. '베다'와 관련된 사물이니 '베개'로 쓰는 거예요.

예 나는 높은 **베개**를 베면 불편해서 잠이 안 온다.

베끼다 ⭕ 배끼다 ❌

글이나 그림 따위를 원본 그대로 옮겨 쓰거나 그리다

'베끼다'의 옛말은 '벗기다'였답니다. 오늘날의 '옷을 벗기다'와 모양이 같았지요. 옛말 '벗기다'의 첫 번째 모음이었던 'ㅓ'가 뒤 음절의 'ㅣ'를 닮아 '베'로 변한 것이 '베끼다'예요. 이런 역사가 깃든 단어이니 '배끼다'로 잘못 적지 않도록 하세요.

(예) 다른 숙제면 몰라도 일기는 절대 못 <u>베끼지</u>.

베다 ⭕ 비다 ❌

누울 때, 베개 따위를 머리 아래에 받치다

우리말 모음 'ㅔ'와 'ㅣ'는 발음으로 구분하기가 쉽지 않아요. 그래서 구분을 분명히 하기 위해서 'ㅔ'를 'ㅣ'로 소리 내는 경우가 생깁니다. '베다'를 '비다'라고 말하는 것이 이런 예지요. 하지만 이렇게 적으면 의미 전달이 제대로 되지 않아요. 정확히 '베다'로 써야 합니다.

(예) 엄마 무릎을 <u>베면</u> 편안해서 잠이 잘 온다.

베짱이 ⭕ 배짱이 ❌

여칫과의 하나인 곤충

'개미와 베짱이'가 함께 쓰이는 일이 많아 '베짱이'의 'ㅔ'를 'ㅐ'로 잘못 쓰는 일도 많아요. 하지만 베짱이의 이름은 '개미'와는 아무 관련이 없어요. 베짱이는 '베'에 '짱이'가 붙어서 된 말이에요. '베짱이'의 '베짱'을 '강한 성품'의 의미인 '배짱'과 연결지어 'ㅐ'로 쓰는 일도 많지만, 이 '배짱'과도 관련이 없는 단어랍니다.

(예) <u>베짱이</u>는 일하지 않고 멋대로 배짱을 부렸어요.

본떠 ⭕ 본따 ❌

'본떠'의 기본형은 '본뜨다'예요. '본뜨다'는 '무엇을 본보기로 삼아 그대로 하다'라는 의미예요. 모음 조화를 생각해서 '본따'라고 잘못 적는 일이 있는데, 이게 왜 잘못된 표기인지는 '본뜨다'와 비슷한 모양의 다른 단어로 확인할 수 있어요. 예를 들어 '크다'에 '어'를 붙여 보세요. '커'가 되면서 'ㅡ'가 없어져요. '본뜨다'도 마찬가지예요. '본뜨다'에 '어'를 붙이면 'ㅡ'가 없어지면서 '본떠'가 되는 거지요.

예 지금 여러분의 눈앞에 있는 것은 신라 양식을 **본뜬** 석탑이에요.

봉숭아 ⭕ 봉숭화 ❌
봉선화과의 풀

'봉숭아'는 '봉숭아꽃'과 똑같은 의미의 말이에요. 이때 '봉숭아'를 한자어로 쓰고 싶다면 '봉선화(鳳仙花)'라고 써야 합니다. 우리말 '꽃'을 한자로 말하면 '화(花)'거든요. '봉숭화'는 '봉숭아'와 '봉선화'가 뒤섞인 말이기 때문에 잘못된 표기예요.

예 친구와 함께 손톱에 **봉숭아**물을 들였다.

봬요 ⭕ 뵈요 ❌

'뵈다'는 '웃어른을 대하여 보다'라는 뜻으로, 이 말 앞에 놓이는 사람을 높이는 말이에요. 이런 '뵈-'에 '-어요'가 붙을 때 '봬요'라 적는 거예요. '되다'에 '-어요'가 붙으면 '돼요'라고 적는 것과 같은 원리랍니다.

예 선생님, 주말 지나고 월요일에 **봬요**!

부리나케 ⭕ 불이나케 ❌
서둘러서 아주 급하게

'부리나케'의 어원은 '불이 나게'입니다. 하지만 '불이 나게'가 어떻게 '부리나케'처럼 된 것인지 지금의 우리는 알 수 없어요. 어떤 것으로부터 온 건지 정확히 알 수 없는 말은 소리 나는 대로 적는 것이 원칙입니다. 그래서 소리대로 '부리나케'라 적는 거예요.

예) 학교에 늦을까 봐 **부리나케** 달렸다.

부엌 ⭕ 부억 ❌
일정한 시설을 갖추어 놓고 식사에 관련되어 일하는 곳

'부엌에서'의 발음 [부어케서]를 보세요. 셋째 음절 'ㅋ'을 앞말의 받침으로 돌려준 표기가 '부엌'이에요. 우리가 [부어케서]라 발음하기 때문에 'ㅋ'을 밝혀 적어야 하는 것이랍니다. 이 '부엌에서'를 [부어게서]라고 소리 내는 사람도 많아요. 하지만 잘못된 발음이에요. [부어케서]라는 정확한 발음을 연습해야 '부억'이라는 잘못된 표기가 생기지 않아요.

예) 매일 저녁 **부엌**에서 아빠랑 요리해요. 오늘 메뉴는 '간장 계란밥'이에요.

분란 ⭕ 불란 ❌
어수선하고 소란스러움

'분란'은 '어지러울 분(紛)', '어지러울 란(亂)'으로 쓰는 한자어예요. [불란]이라고 발음되지만 쓸 때는 한자에 맞는 표기 그대로를 밝혀서 '분란'이라고 씁니다.

예 내가 지훈이와 진영이 사이에 <u>분란</u>을 만든 것이 분명해.

비계 ⭕ 비게 ❌
돼지 등 고기의 가죽 안쪽에 두껍게 붙은 허연 기름 조각

'비계'의 '계'를 그대로 발음하는 것은 좀 어려워요. 그래서 '비계'를 [비게]로 발음하는 것을 표준어로 허용하기는 해요. 하지만 소리만 허용하는 것입니다. 허용된 소리 그대로 '비게'라고 쓰면 잘못된 표기가 됩니다. 정확히 '비계'라고 적어야 합니다.

예 엄마는 고기의 살보다 <u>비계</u>를 더 좋아하신다.

비눗방울 ⭕ 비누방울 ❌

동글동글하게 방울이 진 비누 거품

'비눗방울'은 '비누'에 '방울'을 합친 말이에요. 그런데 왜 '비누방울'이 아닌 '비눗방울'이라고 적어야 하는 것일까요? 단어와 단어 사이에 'ㅅ'을 적을지 말지를 결정하는 세 가지 조건이 있어요. 첫째, '○○의 ○○'이라는 의미일 때만 'ㅅ'을 적을 수 있어요. '비누의 방울'이라는 뜻이니 조건에 맞아요. 둘째, 순우리말이 들어 있어야 해요. '비누'도 '방울'도 우리말이에요. 세 번째, 뒷말의 첫소리가 된소리로 나야 해요. '비눗방울'을 발음해 보면 [비누빵울/비눋빵울]이에요. '방울'의 첫소리가 된소리로 나네요. 이 세 가지 조건이 맞으니 'ㅅ'을 넣어 '비눗방울'로 적는 거예요.

🔘 예 우리 공원에서 **비눗방울** 놀이하자.

비로소 ⭕ 비로서 ❌ 비롯오 ❌

어느 한 시점을 기준으로 그전까지 이루어지지 않았던 사건이 이루어지거나 변화하기 시작함

'비로소'는 '무엇인가의 시작이나 변화'를 의미하는 '비롯하다'라는 말과 관련됩니다. 그래도 '비롯오'라 적지는 않아요. 오늘날에 이렇게 '-오'를 연결해 단어를 만드는 일은 없으니까 오히려 혼동되거든요. 그래서 소리 나는 대로 '비로소'라고 적는 것입니다. '비로서'라고도 잘못 적지 않도록 주의하세요.

🔘 예 수련회에 가서 가족과 떨어져 생활하며 **비로소** 가족의 소중함을 깨달았다.

빨간색 ⭕ 빨강색 ❌
피나 익은 고추와 같이 밝고 짙은 붉은색

'빨갛다'로 '우산'을 꾸며 보세요. '빨간 우산'이지요. 마찬가지로 '빨간색'은 '빨갛다'가 '색'을 꾸며 이루어진 단어입니다. 띄어 쓰지 않은 이유는 '빨간'과 '색'이 합쳐져서 하나의 단어가 되었기 때문이에요. 이 '빨간색'을 다른 말로 한 것이 '빨강'입니다. 빨강은 '빨간 빛깔'을 가리키는 말이에요. 이 '빨강' 안에는 이미 '색'의 의미가 들었기 때문에 '빨강색'이라고 표현하지 않습니다.
'하얗다, 파랗다, 노랗다'와 '하양, 파랑, 노랑'의 관계도 이와 같답니다.

🅔 나는 유독 **빨간색(=빨강)**이 좋더라.

빼앗다 ⭕ 빼았다 ❌
남의 것을 억지로 자기 것으로 만들다

'빼앗다'에 모음 '아'를 연결한 '빼앗아[빼아사]'의 마지막 소리 '사'에서 'ㅅ'을 앞말의 받침으로 돌려주세요. 그 표기가 '빼앗다'예요. 이 말을 줄여 '뺏다'로 말하기도 하는데, 적을 때는 본말을 적는 것이 좋답니다.

🅔 그 도둑은 남자의 지갑을 **빼앗아** 달아나려고 했다.

사귀다 ⭕ 사기다 ❌
서로 얼굴을 익히고 친하게 지내다

'사귀다'의 명령형 '사귀어라'를 줄여 '사겨라'라고 쓰는 경우가 많은데, 그건 틀린 표현입니다. 이 '사겨라'를 '사기- + -어라'로 잘못 생각해서 잘못된 표기 '사기다'가 나온 거예요. '사귀고, 사귀니, 사귀어서, 사귀니까'를 보면 '사귀다'라는 올바른 기본형을 생각할 수 있답니다.

예) 영지는 낯을 전혀 안 가리고 붙임성도 좋아서 친구를 잘 <u>사귀더라</u>.

새침데기 ⭕ 새침떼기 ❌
새침한 성격을 지닌 사람

'-데기'는 '관련된 일을 하거나 그런 성질을 지닌 사람'의 의미를 덧붙이는 말이에요. '새침'과 '-데기'가 합쳐져 '새침한 성격을 지닌 사람'이라는 뜻이 되었으니 '새침데기' 그대로 써야 맞는 표기인 거지요. 발음이 [새침떼기]여서 '새침떼기'로 잘못 쓰는 경우가 있지만 그건 틀린 표기입니다.

예) 서현이는 <u>새침데기</u>라서 얼굴도 잘 마주치지 않는다.

생각건대 ⭕ 생각컨대 ❌

'생각하건대'가 줄어든 말이 '생각건대'입니다. '하'가 어떻게 줄어드는지는 앞말의 받침 발음이 'ㄱ, ㄷ, ㅂ'일 때와 그렇지 않을 때가 다릅니다. 받침 발음 'ㄱ, ㄷ, ㅂ' 뒤의 '하'는 통째로 없애고 적는답니다. 중요한 것은 반드시 발음으로 'ㄱ, ㄷ, ㅂ'을 확인해야 한다는 거예요. 예를 들어 '깨끗하지'의 경우 앞말의 받침 표기는 'ㅅ'이지만 발음은 [깨끋]의 [ㄷ]이니 준말이 '깨끗지'가 됩니다. 받침 발음이 'ㄱ, ㄷ, ㅂ'이 아닌 경우는 '흔하다 → 흔타'처럼 '하'의 'ㅎ'을 남겨 뒷말과 합쳐집니다.

예) <u>생각건대</u>, 이번 여름은 정말 더울 것 같아.

생쥐 ⭕ 새앙쥐 ❌

『동물』 쥣과의 하나

'새앙쥐'라는 말을 들어보았나요? 동화책에 가끔 '생쥐'가 '새앙쥐'로 잘못 나오는 경우가 있어요. 정확한 말은 '생쥐'고, '새앙쥐'는 '생쥐'의 옛말이에요. 더 이상 쓰지 않으니 없어진 거지요. '사향뒤쥐'를 이르는 '새앙쥐'라는 말이 있긴 하지만 이건 생쥐와는 다른 동물이랍니다.

예) 그 동화는 인간 세상을 모험하는 <u>생쥐</u>의 이야기야.

설거지 ⭕ 설겆이 ❌

먹고 난 뒤의 그릇을 씻어 정리하는 일

'설겆다'는 '먹고 난 뒤 그릇을 씻어 정리하다'라는 의미의 말이었어요. 하지만 옛날 말로 더 이상 쓰지 않지요. '설거지'는 사라진 말 '설겆다'에 '이'가 붙어서 만들어진 말이에요. '설겆다'가 사라져서 '설겆이'라 적어도 의미 전달에 도움이 되지 않으니 그냥 소리 나는 대로 '설거지'라고 쓰는 거예요.

예) 우리 집 분리수거와 <u>설거지</u>는 제 담당이에요.

설레다 (O) 설레이다 (X)

마음이 가라앉지 않고 들떠서 두근거리다

'설레다'가 올바른 표기예요. 단어에 'ㅣ'가 들어가면 '○○게 하다'나 '○○를 당하다'라는 의미가 생겨요. '설레다'의 의미에는 이런 뜻이 전혀 없으니 '설레이다'로 쓰는 것은 틀린 표기예요.

예) 내일 유나와 데이트할 생각에 벌써 마음이 <u>설렌다</u>.

더 알아보기

기본형에 'ㅣ'를 넣어 자주 틀리는 단어
- 개다(O) 개이다(X)
- 놀라다(O) 놀래다(X)
- 목메다(O) 목메이다(X)
- 패다(O) 패이다(X)
- 헤매다(O) 헤매이다(X)

성장률 ⭕ 성장율 ❌
일정 기간 동안의 국민 총생산 또는 국민 소득의 실질적인 증가율

'률/율(率)'이라는 한자는 다른 말에 붙어서 비율을 나타내는 의미로 자주 쓰이는 말이에요. 이 한자의 앞말에 따라 '-률'로 적는 것과 '-율'로 적는 것이 구분된답니다. 앞말에 받침이 없거나 'ㄴ' 받침이 있는 경우에는 '율'로 적고, 'ㄴ' 이외의 받침이 있는 경우 '률'로 적으면 돼요.

예 주요 국가들의 경제 **성장률**이 하락했다.

> **더 알아보기**
>
> **'률'과 '율'이 헷갈리는 단어**
> - **'률'**로 적는 단어: 성장률, 입학률, 사망률, 출생률, 취업률
> - **'율'**로 적는 단어: 비율, 백분율, 감소율, 소화율, 할인율

소고기 ⭕ 쇠고기 ⭕
소의 고기

예전에는 음식으로 먹는 소의 고기를 '쇠고기'라고 표기했는데, 요새는 '소고기'라는 말을 더 많이 쓰게 되었어요. 그래서 '소고기'와 '쇠고기'를 모두 표준어로 인정하였답니다. 표준어나 맞춤법은 우리가 실제 사용하는 말을 기본으로 한다는 것이 확인되는 예랍니다.

예 동생이 태권도 대회에서 우승하여 온 가족이 저녁으로 **소고기(=쇠고기)**를 먹었다.

소꿉놀이 ⭕ 소꿉놀이 ❌
소꿉을 가지고 노는 아이들의 놀이

소꿉놀이할 때 가지고 노는 장난감의 이름이 '소꿉'이에요. 그래서 '소꿉놀이'가 올바른 표기예요. 또, '소꿉장난'도 올바른 표기예요. 이 역시 '소꿉으로 노는 것'이니까요. '소꿉놀이'나 '소꿉장난'이라고 잘못 쓰지 않도록 하세요.

예) 우리 이제 **소꿉놀이**할 나이는 지났잖아.

수놈 ⭕ 숫놈 ❌
짐승의 수컷

'수놈'의 '수'는 '암수' 할 때의 '수'로 순우리말이랍니다. 지금은 없어졌지만, 옛날에 '수'는 받침에 'ㅎ'이 있었어요. 받침 'ㅎ'이 없어지기 전에 만들어진 말에는 'ㅎ'의 흔적이 남아 있는데, 요새 사람들은 이 'ㅎ'을 'ㅅ'으로 착각해서 '숫놈'과 같이 적으려 하지요. 하지만 '암수'의 '수'를 이르는 말을 '수-'로 적는다는 원칙이 발표되었어요. 이 법칙에 따라, '수놈'과 같이 적어야 올바른 표기가 된답니다.

예) 병아리 감별사는 병아리의 암놈, **수놈**을 구분하는 직업이에요.

더 알아보기

'암수'의 '수'를 가리킬 때 '수'에 받침 'ㅅ'을 넣는 **세 가지 예외**의 경우가 있어요.
'숫쥐, 숫염소, 숫양'이 그 예외의 경우예요.
이외에는 '수탉, 수캉아지, 수퇘지, 수평아리, 수캐'처럼 모두 '**수-**'로 적어요.

수수께끼 ⭕ 수수깨끼 ❌
사물을 빗대어 말하면서 알아맞히는 놀이

'수수께끼'의 세 번째 음절이 '께'인지 '깨'인지를 혼동할 수 있어요. 국어 모음 'ㅔ', 'ㅐ'는 발음만으로 구분하기 어려우니까요. 이 놀이의 이름은 원래부터 모음 'ㅔ'와 관련된 것이니 'ㅐ'로 쓰지 않도록 해요.

예 우리는 매일 쉬는 시간에 재미있는 <u>수수께끼</u> 놀이를 한다.

숟가락 ⭕ 숫가락 ❌
밥이나 국물 따위를 떠먹는 기구

'젓가락'은 '저'와 '가락' 사이에 사이시옷을 적은 표기예요. 숟가락은 그렇지 않아요. '술'에 '가락'이 붙은 것이거든요. 우리는 때때로 '한 술 두 술 밥을 먹다'라는 말을 합니다. 이 '술'이 '숟가락'의 '숟'이에요. 'ㄹ'이 'ㄷ'으로 변한 거지요. 우리말에는 이렇게 'ㄹ'에서 'ㄷ'이 된 것들이 제법 있답니다. 이런 경우에는 반드시 'ㄷ'으로 적어야 하니 예들을 모아서 기억해 두세요.

예 짬뽕 국물에 밥을 말아서 <u>숟가락</u>으로 후루룩 먹었다.

> **더 알아보기**
>
> **'ㄹ'이 'ㄷ'으로 바뀐 것을 표기에 반영하는 예시 단어**
> - 숟가락, 이튿날, 삼짇날, 반짇고리, 섣달, 사흗날

숨바꼭질 ⭕ 숨박꼭질 ❌

한 아이가 술래가 되어 숨은 사람을 찾아내는 놀이

'숨바꼭질'은 [숨바꼭질]이라고 정확히 발음하면 표기하기가 쉬워요. 발음대로 적으면 되니까요. 여기에 'ㄱ'을 넣어 [숨박꼭질]이라고 잘못 말하지 않도록 하세요. 그러면 '숨박꼭질'이라 잘못 적게 되거든요.

예 심심할 땐 **숨바꼭질**하는 게 최고야.

싫증 ⭕ 실증 ❌

싫은 생각이나 느낌 또는 그런 반응

'싫증'은 의미를 그대로 표기에 반영한 말이에요. '싫은 병'의 의미거든요. 그래서 '싫다'의 '싫'과 병의 의미를 가진 '증'을 연결해 단어를 만든 거예요. 이것을 '실증'이라고 잘못 적으면 의미가 통하지 않겠지요.

예 이 게임도 한 달 내내 계속하니까 **싫증**이 난다.

십상 ⭕ 쉽상 ❌

일이나 물건 따위가 어디에 꼭 맞는 것

'십상'을 '쉽상'이라 쓰면 안 돼요. '쉽상'이라 쓰는 사람들은 '넘어지기 십상이다'를 '넘어지기가 쉽다'로 잘못 생각하는 거예요. 하지만 '십상'은 '쉽다'에서 온 말이 아니에요. '십상'은 '100%'라는 의미의 말인 '십성(十成)'에서 온 말입니다. '꼭 맞는다, 확률이 높다'라는 의미인 거죠. '십상'을 의미하는 또 다른 한자어인 '십상(十常)'도 있어요. '십 중에서 팔이나 구 정도로 거의 예외가 없다'라는 말이죠. 앞서 본 '십상'과 '꼭 그렇게 됨'이라는 점에서 의미가 통한답니다.

예) 이 구두는 발이 작은 나에게 **십상**이다.

쌉쌀하다 ⭕ 쌉살하다 ❌

조금 쓴 맛이 있다

'쌉쌀하다'는 '꼿꼿하다'와 함께 생각하면 이해하기 쉬워요. '꼿꼿하다'에서도 '꼿꼿'으로 적었잖아요. 비슷한 소리가 연속되는데 달리 적으면 의미가 제대로 전달되지 않습니다. '쌉쌀하다' 역시 '쌉쌀'로 연결되는 소리 중 하나를 '살'로 적으면 의미가 약해지기 때문에 '쌉쌀하다'로 적어야 해요.

예) 너무 단 음료보다는 살짝 **쌉쌀한** 맛이 나는 음료가 더 좋아.

더 알아보기

비슷한 음절이 연속되어 앞말과 같은 모양으로 적어 주는 단어

- 꼿꼿하다, 눅눅하다, 밋밋하다, 싹싹하다, 쌉쌀하다, 짭짤하다, 쓸쓸하다

예) 앞에서는 친한 척하고 뒤에서 나를 욕했다니 **쓸쓸하다**.
    민희는 어디서나 **싹싹하게** 행동해서 모두가 좋아하지.

쑥스럽다 ⭕ 쑥쓰럽다 ❌

하는 짓이나 모양이 자연스럽지 못하고 우습고 싱거운 데가 있다

'쑥스럽다'는 [쑥쓰럽따]로 소리 나요. 그런데도 '쑥스럽다'로 적는답니다. 우리말 받침 'ㄱ, ㄷ, ㅂ' 뒤에서는 된소리가 나는 것이 당연하거든요. '쑥'이 'ㄱ'으로 끝났잖아요. 그러니까 '쑥' 뒤의 '스'가 [쓰]로 소리 나는 것은 예측 가능한 일이죠. 마찬가지로 '럽'이 'ㅂ'으로 끝났으니 '럽다'가 [럽따]로 소리 나는 것도 예측 가능해요. 우리말에서는 예측되는 것을 표기에 반영하지 않아요. 다만 예외는 비슷한 소리가 반복될 때죠. '쌉쌀하다, 씁쓸하다'가 그런 예들이랍니다.

예) 막상 친구들이 보는 앞에서 고백하려니 **쑥스럽다**.

아기 ⭕ 애기 ❌
어린 젖먹이 아이

'아기'를 '애기'라고 잘못 말하거나 적는 경우가 있어요. 이런 일이 생기는 것은 '아기'의 '기' 때문이에요. '기'에는 'ㅣ'가 있는데 앞 음절에는 'ㅣ'가 없잖아요. 그래서 앞 음절도 'ㅣ'처럼 바꾸어 주는 거지요. 그러면 발음이 편해지거든요. 중요한 것은 특별한 경우를 제외하면 이런 발음은 표준어가 아니라는 거예요. 표준어가 아니면 맞춤법으로도 쓸 수 없답니다. 그렇기 때문에 '애기'도 틀린 말인 거예요.

예) 우리 이모의 <u>아기</u>는 7월에 태어나서 이름이 '여름'이야.

아무튼 ⭕ 아뭏든 ❌
의견이나 일의 성질, 형편, 상태 따위가 어떻게 되어 있든

'아무튼'은 '어쨌든'과 같은 의미의 말입니다. 소리 나는 대로 표기하면 됩니다. 누군가 '아뭏든'이라고 적으려 한다면 '그건 옛날식 표기야.'라고 말하세요. '아뭏다'는 '아무하다'라는 말의 준말이었는데 '아무하다'든 '아뭏다'든 이제 모두 사라졌어요. 그러니 소리 나는 대로 '아무튼'이라 적는 거예요.

예) 3년 전인가, <u>아무튼</u> 꽤 오래전에 보고 그 후엔 한 번도 은이를 본 적 없어.

아지랑이 ⭕ 아지랭이 ❌
주로 봄날 햇빛이 강하게 쬘 때 공기가 공중에서 아른아른 움직이는 현상

'아지랑이'를 [아지랭이]로 잘못 발음하는 경우가 있어요. '아지랑이'의 마지막 소리가 [ㅣ]잖아요. 이 [ㅣ]가 앞의 [랑]을 [랭]으로 만들거든요. 비슷한 소리가 되면 발음이 쉬워져서 생기는 일이에요. 하지만 그렇게 발음하지 않도록 하세요. 표준어가 아니거든요. 표준어가 아니면 맞춤법으로 틀린 표기가 됩니다.

예) 창밖으로 <u>아지랑이</u>가 피어오르는 것을 보았어.

안 돼요 ⭕ 안 되요 ❌

'돼'는 '되어'의 준말이에요. '안 돼요'는 '안 되어요'의 준말이지요. 여기서 중간의 '-어-'를 빼면 우리말이 아니게 돼요. '먹어요'에서 '어'를 빼 보세요. '먹요'처럼 이상한 말이 되지요. 이처럼 '되어요'에도 '어'를 꼭 적어야 해요.

예) 수업 시간에 마음대로 자리를 바꿔 앉으면 <u>안 돼요</u>.

안성맞춤 ⭕ 안성마춤 ❌
**요구하거나 생각한 대로 잘된 물건을 비유적으로 이르는 말
혹은 조건이나 상황이 어떤 경우에 잘 어울림**

'안성맞춤'의 '안성'은 경기도 한 지역의 지명이에요. '맞춤'은 '쓸모에 딱 들어맞다'라는 의미지요. 옛날부터 안성 지역의 그릇이 품질이 좋아서 전국 사람들의 마음에 꼭 들었다는 데서 나온 말이에요. '안성'과 '맞춤'의 의미를 표기에 그대로 나타내려고 '안성맞춤'으로 적는 거예요.

예) 이 놀이터는 학교 끝나고 모이기에 <u>안성맞춤</u>인 장소다.

안쓰럽다 ⭕ 안스럽다 ❌
딱한 형편이 마음이 아프고 가엽다

'안쓰럽다'는 [안쓰럽따]로 소리가 나요. 받침 'ㄴ, ㄹ, ㅁ, ㅇ' 뒤에 생기는 된소리는 표기에 반영해야 합니다. 된소리를 일으키는 조건이 아니니까요. 따라서 소리를 반영해 '안쓰럽다'로 적어야 합니다.

📌 고등학생이 되어 매일 공부만 하는 오빠를 보니 안쓰럽다.

안절부절못하다 ⭕ 안절부절하다 ❌
마음이 초조하고 불안하여 어찌할 바를 모르다

'안절부절하다'는 틀린 말이에요. '안절부절'은 언제나 '못하다'와 함께 오거든요. 단어가 어떤 말과 함께 쓰이는지를 기억하는 것은 중요해요. 일상에서 사용할 적절한 문장을 만드는 데 도움이 되거든요.

📌 민우는 중대한 발표를 앞두고 안절부절못했다.

안팎 ⭕ 안밖 ❌

사물이나 영역의 안과 밖

'안팎'은 '안'과 '밖'을 합한 말이에요. '밖'의 'ㅂ'이 'ㅍ'이 되었다는 것은 앞말의 받침에 'ㅎ'이 있다는 말이지요. 'ㅎ + ㅂ = ㅍ'이니까요. 원래 '안'은 'ㅎ'을 받침으로 가졌던 말이에요. 삼국 시대 즈음부터 조선 시대까지 '않'이었어요. 그때 만들어진 말이 오늘날의 '안팎'이에요. '않 + 밖 = 안팎'이지요. 오늘날 '안'은 더 이상 'ㅎ'을 받침으로 갖지 않지만 옛말의 흔적이 단어 안에 남은 거예요.

예) 그 시절에는 나라가 <u>안팎</u>으로 어려웠다.

> **더 알아보기**
>
> **단어 안에 'ㅎ'이 남아 있는 예시 단어**
> - 안팎, 암탉, 수탉, 암태지, 수태지, 살코기, 머리카락

안 하다 ⭕ 않 하다 ❌

'안'은 '아니'의 준말이에요. 요새는 '아니 하다'보다 준말인 '안 하다'가 더 많이 사용됩니다. '안 하다'와 '하지 않다'는 같은 말이지만 '하지 않다'의 '않'과는 달리 '안 하다' 할 때의 '안'은 'ㅎ'을 받침에 적지 않습니다.

예) 방학 내내 아무것도 <u>안 하고</u> 집에만 있었다.

방학 내내 아무것도 **안 하고** 집에만 있는 거야?

알아맞히다 ⭕ 알아맞추다 ❌
요구되거나 기대되는 답을 알아서 맞게 하다

'알아맞히다'가 맞는 표기예요. 우리말에 '알아맞추다'라는 표기는 없답니다. '알아맞히다' 안에 들어 있는 '맞히다'는 '답이 올바르다'라는 의미예요. '알다'에 이 '맞히다'를 합친 말이 '알아맞히다'지요. 그런데 '맞추다'는 다른 의미예요. 둘 이상의 짝이 있을 때 쓰는 말이지요. '알아서 둘 이상의 짝을 맞추다'라는 것은 이상하잖아요. 그래서 '알아맞추다'는 없는 말인 거예요.

예) 그 어렵다는 수수께끼의 답을 <u>알아맞히다니</u>, 역시 넌 천재야.

애꿎은 ⭕ 애궂은 ❌

'애꿎다'는 '억울하다, 아무 잘못도 없다'라는 의미의 말이에요. 이 말을 '애궂다'로 잘못 적는 일이 많아요. '애 + 궂다'로 적으면 '억울하다'라는 의미를 표현하기 어려워요. 의미 구분에 도움이 되지 않으니 소리 나는 대로 적는 거예요.

예) 형이 엄마에게 혼나더니 <u>애꿎은</u> 나에게 성질내었다.

어떡해 ⭕ 어떻해 ❌

'어떡해'는 '어떻게 해'의 준말입니다. 그래서 원말 '게'의 'ㄱ'과 '해'를 남겨서 표기해야 하는 거예요. '어떻해'와 같은 표기는 없어요.

예) 친구들 중에 나만 다른 반이 됐어. **어떡해**.

어이없다 ⭕ 어의없다 ❌
너무 뜻밖이어서 기가 막히다

'어이없다'는 '어처구니없다'와 비슷한 순우리말이에요. 그런데 요새 '어이없다'를 한자어로 생각하는 사람들이 생겼어요. 순우리말인 '어이'를 '어의(語意)'라 생각해서 '어이없다'가 '말에 의미가 없다'라는 뜻이라고 생각하는 거죠. '어이'를 '어의'로 쓰는 이런 어이없는 일이 생기지 않도록 해요.

예) 지금 내가 너 때문에 **어이없다**.

얼마큼 ⭕ 얼만큼 ❌

'얼마큼'은 '얼마만큼'의 준말이에요. '얼마큼 했니?'라는 말은 '지금까지 한 것의 양'을 물어보는 거잖아요. 그 양을 물어볼 때 쓰는 말이 '얼마'입니다. '얼마만큼'의 준말 '얼마큼'에서 중요한 의미인 '얼마'를 남겨야 해요. '얼만큼'이라고 잘못 적어서 가장 중요한 '얼마'가 사라지지 않게 해야겠지요.

예) 여기에 소스 <u>얼마큼</u> 넣으면 되는 거야?

엎지르다 ⭕ 업지르다 ❌

그릇에 담겨 있는 액체 등을 뒤집어엎어 쏟아지게 하거나 흔들어 넘치게 하다

'엎지르다'는 '엎다'에서 온 말이에요. 주로 어떤 물건을 뒤집어 속에 든 것을 쏟아지게 하는 일이지요. 이 의미가 보이도록 적어야 하기 때문에 '업지르다'로 적지 않고 '엎지르다'로 적는 거예요.

예) 이미 <u>엎지른</u> 물은 다시 담을 수 없어.

역할 ⭕ 역활 ❌

자기가 마땅히 하여야 할 맡은 바 직책이나 임무

'역할'은 한자어입니다. 여기서 '할'은 '할인, 분할'에 있는 한자로 '일정 정도를 나누다'라는 의미지요. 이 '할'을 제대로 모르면 잘못된 표기가 생깁니다. '역활'로 잘못 적는 사람은 '생활, 활력, 활기'에서의 '활'로 생각한 거예요. 다른 한자로 착각해 전혀 다른 의미로 전달한 거죠. 같은 한자를 쓴 말들 간의 관계를 보면 어휘를 더 정확히 알 수 있답니다.

예) 학교 축제 때 하는 연극에서 주인공 <u>역할</u>을 맡았어요.

연거푸 ⭕ 연거퍼 ❌

잇따라 여러 번 되풀이하여

'연거푸'를 '연거퍼'라고 잘못 적는 경우가 있는데, 헷갈릴 때는 '거푸'라는 단어를 생각하면 돼요. '거푸'의 의미가 '잇따라, 거듭'이에요. 이 '거푸'라는 말 앞에 '연속'을 의미하는 한자 '연(連)'이 붙은 말이 '연거푸'거든요. 이 '거푸'를 생각하면 '연거퍼'라고 잘못 적을 일은 없겠지요.

🔴 예 초반인데 **연거푸** 두 골을 내주다니, 이번 경기는 망했어.

열심히 ⭕ 열심이 ❌
어떤 일에 온 정성을 다하여 골똘하게

끝말이 '이'인지 '히'인지 헷갈릴 때는 분명하게 [이]로 소리 나는 것은 '이'로 적고, 분명하게 [히]로 소리 나는 것은 '히'로 적으면 됩니다. '열심히'는 [열씸히]로 소리 나요. '히'가 분명히 확인되니 '열심히'로 적어야 합니다. 때때로 [열씨미]처럼 소리를 내는 사람도 있어요. [히]로도 [이]로도 소리 나는 경우에도 '히'로 적으니 표기에는 변함이 없어요. '열씸히'로도 적으면 안 돼요. '열심(熱心)'은 한자어니까 본음대로 표기해야 해요.

예) 지민이는 무엇이든 정말 <u>열심히</u> 한다.

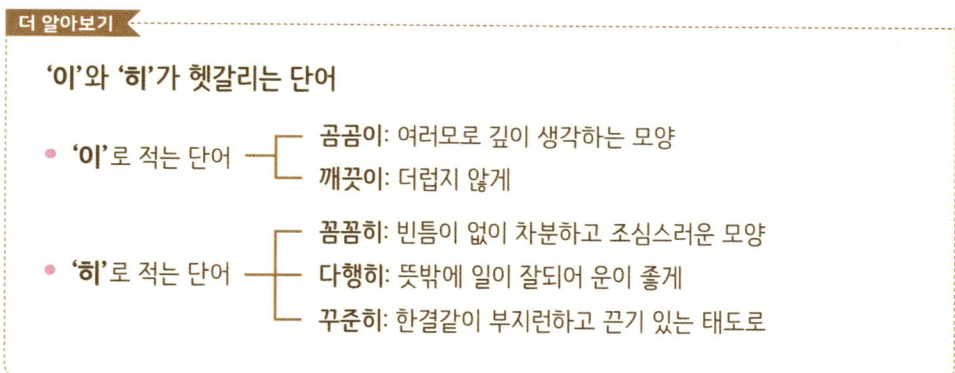

더 알아보기

'이'와 '히'가 헷갈리는 단어

- **'이'로 적는 단어**
  - **곰곰이**: 여러모로 깊이 생각하는 모양
  - **깨끗이**: 더럽지 않게

- **'히'로 적는 단어**
  - **꼼꼼히**: 빈틈이 없이 차분하고 조심스러운 모양
  - **다행히**: 뜻밖에 일이 잘되어 운이 좋게
  - **꾸준히**: 한결같이 부지런하고 끈기 있는 태도로

예닐곱 ⭕ 여닐곱 ❌

여섯이나 일곱쯤 되는 수

예닐곱은 '여섯'과 '일곱'이 합해진 말이에요. 뜻도 그대로 '여섯 일곱쯤 되는 수'라는 의미입니다. 먼저 '일곱'을 '닐곱'이라고 적는 이유는 '일곱'의 옛말이 '닐곱'이었기 때문이에요. 옛날에 만들어진 말이 지금까지 남은 거지요. '여섯'의 '여'가 '예'가 된 것은 바로 뒷말인 '닐'의 'ㅣ'를 닮은 변화 때문이고요. '예닐곱' 안에 우리말의 역사적 변화가 그대로 들어 있는 거예요.

예) 지각생이 **예닐곱**이나 되다니, 길이 많이 막히나?

> **더 알아보기**
>
> **'예닐곱'과 같은 방식으로 숫자의 연결이 이루어진 단어**
> - 서넛(셋 + 넷)
> - 네댓(넷 + 다섯)
> - 대여섯(다섯 + 여섯)

오뚝이 ⭕ 오뚜기 ❌

밑을 무겁게 하여 아무렇게나 굴려도 오뚝오뚝 일어서는 어린아이들의 장난감

'오뚝하다'와 '오뚝이' 속의 '오뚝'은 같은 의미예요. '조금 높게 솟아 있는 모양'을 가리키지요. '오뚝이'와 '오뚝하다'는 의미가 관련되었으니 이를 표기에도 반영해야겠지요. 같은 모양으로 적어야 같은 의미로 해석되니까 두 단어 모두에 '오뚝'이라고 적는 거예요.

예) 그는 늘 어려움 속에서도 **오뚝이**처럼 일어난다.

오랜만에 ⭕ 오랫만에 ❌

'오랜만에'는 '오래간만에'의 준말입니다. '오래간만에'에서 '가'가 없어지고 남은 'ㄴ'이 '오래'의 받침으로 남은 거예요. '오래간만에'와 '오랜만에'를 함께 기억하면 받침이 헷갈리지 않아요.

📌 시험이 끝났으니 **오랜만에** 게임을 좀 해 볼까.

오므리다 ⭕ 오무리다 ❌
물건의 가장자리 끝을 한곳으로 모으다

'오므리다'를 '오무리다'로 잘못 적는 일이 많아요. 우리가 음식을 먹을 때를 생각해 보세요. '음식물을 입에 넣고 조금씩 씹는 모양'을 가리켜 '오물오물'이라 합니다. 이 모양을 가리키는 '오물오물'과 벌어진 사이를 줄이는 '오므리다'를 구분해 두면 맞춤법을 지키는 데 도움이 됩니다.

📌 아기가 작은 손을 **오므려** 쥐었어요.

온갖 ⭕ 왼갖 ❌
이런저런 여러 가지의

'백(100)'을 가리키는 순우리말은 사라졌어요. '백'이라는 한자가 대신하게 된 거지요. 하지만 '백'에 해당하는 순우리말을 알 수 있는 단어는 남아 있어요. 바로 '온갖'입니다. '온갖'은 '온 가지'의 준말이에요. 이 '온'이 순우리말로 '백'이랍니다. '온갖'의 받침 'ㅈ'은 '가지'의 'ㅈ'이니 밝혀서 적어야 해요. '온갖'이라는 말을 쓸 때마다 '온'이 '백'을 가리키는 순우리말이라는 것을 기억해 주세요.

📌 '**온갖**'에서의 '온'은 '백'의 순우리말이에요.

외톨이 ⭕ 외토리 ❌

의지할 데 없이 외로운 사람

'외톨이'는 '밤'과 관련되어 있어요. 대개 밤송이에는 여러 개의 밤이 들었거든요. 그런데 때때로 밤송이에 밤이 한 톨만 든 경우가 있어요. 이 밤을 '외톨'이라고 합니다. '외톨이'는 거기서 생겨난 말이에요. '밤 한 톨, 두 톨' 할 때의 '톨'과 의미가 같기에 '외톨이'에도 '톨'을 밝혀 적는 거지요.

💬 그 누구도 **외톨이**가 되지 않았으면 좋겠다.

요새 ⭕ 요세 ❌

이제까지의 매우 짧은 시간 동안

'요새'는 '요사이'의 준말이에요. '사이'의 준말이니 'ㅐ'로 적어 'ㅏ'와 'ㅣ'의 합이라는 것을 밝혀 적는 거지요. 발음이 비슷하다고 해서 '요세'로 잘못 적지 않도록 하세요.

💬 **요새** 제일 인기 많은 웹툰이 뭐야?

우레 ⭕ 우뢰 ❌

천둥소리와 번개를 동반하는 대기 중의 현상

'우레'는 '천둥'과 같은 말입니다. 이 '우레'의 첫 글자를 '비 우(雨)'로 착각하는 사람이 많습니다. '우산, 우비, 우천, 강우량'의 '우'라고 생각하는 거지요. 이 오해 때문에 뒤의 '레'를 '뢰'로 생각해 '우뢰'라 적는 일도 생깁니다. '뇌성(雷聲)' 할 때의 '뢰'라는 한자를 적은 거예요. 하지만 '우레'는 순우리말입니다. '울다'에 '에'를 붙인 말이죠. 이 '에'가 무엇인지 분명하지 않아 소리 나는 대로 '우레'라 적는 거예요.

💬 순식간에 **우레**가 치더니 비가 쏟아졌다.

우리나라 ⭕ 저희나라 ❌
우리 한민족이 세운 나라를 스스로 이르는 말

우리나라는 우리가 스스로 '한국'을 가리킬 때 쓰는 말이에요. 가끔 이 말을 '저희나라'라고 하는데 이것은 잘못된 표현입니다. '저희'는 '우리'를 스스로 낮추는 말이에요. 어떤 나라든 모두 동등하므로 다른 나라나 다른 민족 앞에서 '저희나라'라고 말하며 우리를 낮추면 안 돼요. '우리나라'라고 당당히 말해야 합니다.

예) <u>우리나라</u>에는 매운 음식을 좋아하는 사람들이 많아.

욱신거리다 ⭕ 욱씬거리다 ❌
머리나 상처 따위가 자꾸 쑤시는 듯이 아파 오다

'욱신거리다'에서 '욱신'이 한 묶음인 것에 주목하세요. 한 묶음 안에서 앞말의 받침이 'ㄱ, ㄷ, ㅂ'인 경우, 뒷말이 된소리로 나는 것은 아주 자동적인 규칙이에요. 예측 가능하니까 표기에는 반영하지 않는답니다. 따라서 [욱씬]이라고 소리 나도 표기는 '욱신'으로 해야 해요.

예) 몸살 때문에 머리가 <u>욱신거리고</u> 아파요.

> **더 알아보기**
>
> **욱신욱신(⭕) 욱씬욱씬(✗)**
>
> '욱신욱신'은 '머리나 상처 따위가 자꾸 쑤시듯 아픈 느낌'을 나타낼 때 쓰는 말이지요. 이 단어 역시 '욱신거리다'와 같은 원리예요. 뒷말이 된소리로 [욱씬]이라 소리 나더라도 표기에 반영하지 않습니다. '욱씬욱씬'으로 적지 않도록 하세요.

욱여넣다 ⭕ 우겨넣다 ❌
주위에서 중심으로 함부로 밀어넣다

'욱여넣다'는 무엇인가를 함부로 밀어넣을 때 쓰는 말입니다. 이 말을 '우겨넣다'라 잘못 쓰게 되는 이유는 이 단어 앞부분의 '욱이다'를 '우기다'로 오해하기 때문입니다. 하지만 '우기다'는 '생각을 고집스럽게 내세우다'라는 의미예요. '욱여넣다'에 든 '욱이다'는 '조금 우그러지게 하다'라는 의미로 '우기다'와는 다른 뜻이랍니다. '욱여넣다'에는 고집이나 의견이 들어 있지 않으므로 '우겨넣다'로 쓰지 않는 거예요.

예) 배고파서 입에 삼각 김밥을 **욱여넣었다**.

움츠리다 ⭕ 움추리다 ❌
몸을 오그려서 작아지게 하다 혹은 겁을 먹거나 기가 죽었다

'움'의 'ㅜ' 때문에 '츠'에도 'ㅜ'를 넣어 발음하여 '움츠리다'를 '움추리다'라고 잘못 적는 일이 생겨요. 이런 발음은 우리말의 일반적인 규칙이 아니므로 '움추리다'는 틀린 표기예요. '움츠리다'는 줄여서 '움치다'로 쓸 수 있다는 것도 알아 두세요.

예) 선생님의 칭찬 한마디에 **움츠렸던** 가슴이 펴졌다.

움큼 ⭕ 웅큼 ❌

손으로 한 줌 움켜쥘 만한 분량을 세는 단위

'움큼'은 '분량을 세는 단위'예요. '손으로 한 줌 움켜쥘 만한 양'을 가리키지요. '움큼'은 '손가락으로 힘 있게 잡다'의 의미인 '움키다'와 연결돼요. 같은 의미는 같은 모양으로 적는다는 원칙에 따라 '웅큼'이 아닌 '움큼'으로 적는 거예요.

예) **움큼**은 손가락으로 움켜쥘 만한 양이다.

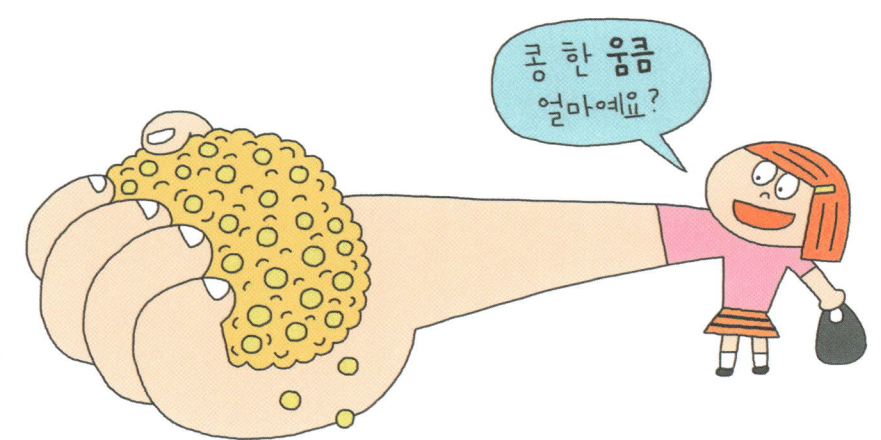

육개장 ⭕ 육계장 ❌

쇠고기를 삶아서 알맞게 뜯어 넣고, 얼큰하게 양념하여 끓인 국

'육개장'을 '육계장'으로 잘못 쓰는 이유는 음식 재료 때문이에요. 두 번째 글자인 '개'를 '닭 계(鷄)'로 오해해 생기는 일이거든요. 그런데 '육개장'에는 닭고기가 안 들어가요. 소고기로 만들지요. 애초에 '닭 계'를 쓸 이유가 없어요. 닭을 재료로 비슷한 요리를 만들면 '닭개장'으로 이름이 바뀝니다. '육개장'은 '쇠고기를 삶아서 넣고 끓인 얼큰한 국'을 이르는 말이니 '육계장'으로 잘못 쓰지 않도록 해요.

예) 이 식당에서 제일 맛있는 것은 **육개장**이야.

으레 ⭕ 으례 ❌
두말할 것 없이 당연히

'으레'는 '당연히, 틀림없이'와 비슷한 말입니다. 이 말은 어원에서 멀어져 원래 말이 어떤 것이었는지 알 수 없어요. 이런 말은 우리가 발음하는 대로 적으니 소리 나는 대로 '으레'라고 적으면 됩니다. '의례(依例)'나 '으례'로 적지 않도록 하세요.

예) 설에는 <u>으레</u> 떡국을 먹는다.

으스대다 ⭕ 으시대다 ❌
어울리지 않게 우쭐거리며 뽐내다

'으스대다'는 '잘난 체하다, 뻐기다, 우쭐거리다'와 비슷한 말이에요. 이 말을 '으시대다'로 잘못 적지 않도록 해요. 혼동하지 않으려면 '으스대고, 으스대니, 으스대면, 으스대더니, 으스대지만'처럼 바꾸어 말하면서 표기를 익히면 됩니다.

예) 너 계속 그렇게 <u>으스대면</u> 친구들이 싫어할걸.

의젓하다 ⭕ 으젓하다 ❌
말이나 행동 따위가 점잖고 무게가 있다

'의젓하다'는 '떳떳하다, 당당하다'와 비슷한 말이에요. 우리말의 모음 'ㅢ'는 'ㅡ + ㅣ'를 합친 거예요. 그런데 굉장히 약한 모음이어서 자기 소리를 그대로 내기 어려워한답니다. 그래서 자주 'ㅣ'를 잃어버려요. '의젓하다'를 [으젓하다]로 소리 내는 경우가 많은 것은 이 때문이지요. 하지만 원래 표기대로 적지 않으면 의미 전달이 쉽지 않아요. 의미가 잘 전달되도록 '의젓하다'로 적어야 해요.

예) 2학년이 되면 1학년 동생들이 생기니까 조금 더 <u>의젓하게</u> 행동해야 해요.

이었다 ⭕ 이였다 ❌

'나는 학생이다'와 '나는 학생이었다'의 차이는 뭐죠? '이'와 '다' 사이에 '-었-'이 붙었네요. 우리말 문장은 '-었-'을 붙이면 과거가 됩니다. '-었-'이 '나는 학생이다'를 과거형으로 만든 거예요. 그런데 '이었다'를 발음해 보세요. [이엳따]가 되지요. 앞의 '이' 때문에 소리가 변한 거예요. 소리가 변했다고 이것을 '이였다'로 적으면 안 됩니다. '-었-'의 모양이 달라지면 의미 전달이 약해져요. 따라서 원래 모양 그대로 '이었다'라고 적어야 합니다.

📌 그녀는 원래 평범한 학생<u>이었지만</u>, 지금은 우리나라 최고의 작가가 되었다.

더 알아보기

과거를 나타내는 '-었-'의 쓰임을 살펴볼까요?

① **막았**다·먹**었**다   '-었-'과 '-았-'은 같은 의미예요. 앞말의 모음 때문에 변하는 거죠.

② **갔**다   '가다'에 '-았-'이 연결된 거예요.
그런데 '가았다'로 'ㅏ'가 두 번 반복되네요.
그래서 둘이 합쳐 '-ㅆ-'만 붙은 것으로 보이는 거예요.

③ 하**였**다   국어에서 과거를 나타내는 '-았/었-'이 '였'으로 변하는 경우는 '하다' 단 하나입니다. 그 이외에는 '였'으로 적는 일이 없습니다.

익숙지 ⭕ 익숙치 ❌

'익숙지 않다'로 적어야 해요. '익숙지 않다'는 '익숙하지 않다'의 준말입니다. '하'의 준말 표기는 '하' 앞에 오는 말의 받침에 달렸답니다. 받침의 소리가 'ㄱ, ㄷ, ㅂ'이면 '하'를 없애고 줄이면 됩니다. '익숙하지'는 '하' 앞말의 받침이 'ㄱ'이니 '익숙지'로 적으면 되는 거지요. 중요한 것은 받침소리가 'ㄱ, ㄷ, ㅂ'이라는 것은 'ㄴ, ㄹ, ㅁ, ㅇ'을 제외한 모든 자음 받침이라는 의미예요. 우리말 받침에는 7개 소리만 나니까요. 'ㄴ, ㄹ, ㅁ, ㅇ'이 받침인 경우에는 '하'의 'ㅎ'을 남겨 뒤 자음과 합칩니다. '대단하지 → 대단치'처럼요.

예) 중학교 1학년 학생들은 수업 시간이 45분인 게 아직 **익숙지** 않다.

일으키다 ⭕ 이르키다 ❌
어떤 일이 일어나게 하다

'일으키다'는 '일어나게 하다'나 '일게 하다'와 의미가 연결돼요. 그래서 표기에 '일'을 밝히는 거예요. 같은 의미는 같은 모양으로 적기 때문이지요. 소리 나는 대로 '이르키다'로 적지 않도록 하세요.

예) 짱구는 늘 말썽을 **일으키지**.

일찍이 ⭕ 일찌기 ❌
일정한 시간보다 이르게

'일찍이'는 '일찍'과 비슷한 말이에요. 표기에 '일찍'을 써 주어야 '일찍'의 의미를 가질 수 있어요. '일찍이'와 같이 말의 의미가 살아 있는 단어는 원래 모양으로 적어야 합니다. 소리 나는 대로 '일찌기'라고 적으면 틀린 표기가 된답니다.

예) 현장 체험 학습을 가는 날이라서 새벽 **일찍이** 일어났다.

자그마치 ⭕ 자그만치 ❌
예상보다 훨씬 많이 또는 적지 않게

'자그마치'를 '자그만치'로 잘못 적지 않도록 하세요. '만치'는 '저만치, 요만치, 그만치'처럼 '그것만큼'의 의미를 더할 때 쓰는 말이에요. 우리는 '저만치, 요만치, 그만치'를 평소에 많이 쓰기 때문에 '자그마치'도 '자그만치'일 것이라 생각해요. 하지만 '자그만치'가 아닌 '자그마치'로 적어야 한답니다.

예) 민혁이가 미국에 간 지 <u>자그마치</u> 50년이 넘었어.

자투리 ⭕ 짜투리 ❌
자로 재어 팔거나 재단하다가 남은 천의 조각

'자투리'의 '자'는 우리가 길이를 잴 때 쓰는 물건인 '자'입니다. 옛날에는 옷감을 팔 때 자로 재서 팔았거든요. 그렇게 재어 팔다가 남은 천 조각을 '자투리'라 부릅니다. 옷을 만들 때 남은 부분 역시 '자투리'라 하고요. 요새는 '자투리 시간'처럼 좀 더 넓은 의미의 남은 부분으로 쓰입니다. 이 단어를 '짜투리'라고 잘못 적지 않도록 하세요. 그렇게 하면 '자'라는 의미가 사라져 버린답니다.

예) 남은 <u>자투리</u> 천으로 무엇을 만들 수 있을까?

잠그다 ⭕ 잠구다 ❌

물건을 열지 못하도록 자물쇠를 채우다 또는 물이나 가스가 흘러나오지 않도록 차단하다

'잠그다'는 우리가 아주 많이 쓰는 말이에요. '잠그다' 안의 'ㅡ'는 모음을 만나면 없어져요. '잠가, 잠가서'처럼요. '잠구다'로 잘못 생각하면 '잠궈, 잠궈서'와 같이 단어들을 잘못 쓰게 되므로 늘 '잠그다'로 올바르게 써야 해요.

예) 할머니가 가스 <u>잠그는</u> 것을 자꾸 잊으신다.

잠깐 ⭕ 잠간 ❌

얼마 되지 않는 매우 짧은 시간 동안

'잠깐'은 [잠깐]의 소리 그대로 적으면 돼요. '잠간'이라고 적어야 할지 고민할 수도 있어요. '국수'는 [국쑤]로 소리 나지만 '국수'라고 적으니까요. '잠깐'의 된소리인 'ㄲ'을 'ㄱ'으로 적을지 말지가 고민되는 거지요. 한 묶음인 말일 때 받침 'ㄱ, ㄷ, ㅂ' 뒤에서 나는 된소리는 표기에 반영하지 않습니다. '국수'는 한 묶음이고 받침이 'ㄱ'이니 [쑤]로 소리 나도 '국수'라고 적는 거예요. 반면 '잠깐'은 한 묶음의 말이기는 하지만 받침이 'ㅁ'이에요. 이런 경우는 소리 나는 대로 된소리를 적어야 해요. 'ㄱ, ㄷ, ㅂ' 뒤는 언제나 된소리가 되지만, 'ㅁ' 뒤는 그렇지 않거든요. 예측되지 않으니 표기에 반영하는 거예요.

예) 아이스크림을 사 온다며 <u>잠깐</u> 기다리라던 형이 오질 않는다.

장맛비 ⭕ 장마비 ❌

장마 때에 오는 비

'장맛비'는 '장마'에 '비'를 합친 말이에요. 둘 사이에 'ㅅ'을 넣어야 하는 단어지요. 앞뒤 말 사이에 'ㅅ'을 넣으려면 세 가지 요건을 지켜야 해요. 첫째, ○○의 ○○라는 뜻인가요? '장마의 비'니 맞네요. 둘째, 고유어가 하나라도 들었나요? '장마'도 '비'도 모두 순우리말입니다. 셋째, 뒷말인 '비'의 첫소리가 된소리로 나서 [장마삐]나 [장맏삐]로 발음하네요. 세 가지 요건을 지켰으니 '장마'와 '비' 사이에는 'ㅅ'을 적을 수 있어요.

예) 계속 내리는 **장맛비** 때문에 쓸쓸한 기분이 든다.

저물녘 ⭕ 저물녁 ❌

날이 저물 무렵

'녘'은 '무렵'을 가리키는 순우리말이에요. 따라서 '날이 저물 무렵'이라는 의미를 가진 말이 '저물녘'이지요. '저물녘'에 '저물녘 + 은'처럼 모음을 연결하면 [저물녀큰]으로 소리 나요. 따라서 '큰'으로 넘어간 'ㅋ'을 앞말의 받침으로 돌려준 '저물녘'이 올바른 표기입니다.

예) **저물녘**에는 놀이터에 아무도 없어.

> **더 알아보기**
>
> '저물녘'과 함께 **'새벽녘'**이라는 말을 기억해 두세요.
> '새벽'과 '녘'이 합쳐져 '날이 밝아 올 무렵'이라는 뜻을 가져요. '저물녘'의 반대말이지요.

족집게 ⭕ 쪽집게 ❌

잔털이나 가시를 뽑을 때 쓰는 도구

족집게는 요새 '무엇인가를 잘 알아맞히는 능력'에 쓰이기도 해요. 말의 의미가 좀 더 넓어진 거지요. '족집게'를 좀 더 강조하기 위해 세게 발음한 것인 '쪽집게'라고 잘못 쓰지 않도록 해요.

예) 손에 박힌 가시는 **족집게**로 뽑아야 해요.

더 알아보기

단어의 첫소리를 된소리로 잘못 적어 자주 틀리는 단어
- 자투리(○) 짜투리(×)
- 게임(○) 께임(×)

졸리다 ⭕ 졸립다 ❌

자고 싶은 느낌이 들다

'졸립다'라는 말은 없어요. '졸다', '졸리다'만 있지요. '졸다'는 '저절로 잠이 오는 것'이고 '졸리다'는 '잠이 오는 느낌'을 표현하는 것이에요.

예) 어젯밤 늦게까지 TV를 봤더니 너무 **졸리다**.

줄게 ⭕ 줄께 ❌

약속을 의미하는 '-ㄹ게'는 [-ㄹ께]로 소리 나지만 언제나 '-ㄹ게'로만 적습니다. 이유는 '-ㄹ'에 있어요. 미래를 나타내면서 다음 말을 꾸미는 '-ㄹ'은 바로 다음에 오는 소리를 된소리로 만들거든요. '갈게, 줄게' 할 때의 '-ㄹ게'에 이 '-ㄹ'이 들었어요. 그래서 [갈께], [줄께]처럼 '게'가 된소리로 나는 거지요. 예측 가능하기 때문에 표기에는 반영하지 않는 거예요.

예 네가 원하는 모든 것이 이루어지게 해 <u>줄게</u>.

짊어지다 ⭕ 질머지다 ❌

짐 따위를 뭉뚱그려서 지다

'짊어지다'는 '짊다'와 '지다'를 합친 말이에요. 여기서 '지다'는 '짐을 간편하게 꾸려서 지게나 수레에 올리는 것'을 가리키는 말이에요. 따라서 '짊어지다'는 '짐을 꾸려서 등에 얹는 행동'을 가리키는 말이지요. '짊다'와 '지다'를 그대로 밝혀 '짊어지다'로 적는 거예요.

예 세상 모든 일을 혼자 <u>짊어지려고</u> 하지 마.

짓궂다 ⭕ 짖굳다 ❌ 짖궂다 ❌

장난스럽게 남을 괴롭고 귀찮게 하여 달갑지 아니하다

'짓궂다'는 '짓'과 '궂다'를 합친 말이에요. '짓'에는 '마구, 함부로, 몹시'의 의미가 들어 있어요. '짓밟히다, 짓밟다, 짓누르다'처럼요. '궂'의 받침은 '궂다'에 모음을 연결한 '궂은'의 발음 [구즌]에서 뒷말 첫소리를 앞말의 받침으로 돌려주어 'ㅈ'을 씁니다.

🔴 예) 시영이는 정말 <u>짓궂어서</u> 이상한 장난을 많이 쳐.

착잡하다 ⭕ 착찹하다 ❌

갈피를 잡을 수 없이 뒤섞여 어수선하다

'착잡하다'는 마음이나 감정이 복잡할 때 주로 쓰는 말이에요. 이 말을 '착찹하다'로 잘못 쓰는 일이 많아요. 앞 글자의 'ㅊ'을 닮아 뒷글자도 '찹'이라고 잘못 쓰게 되는 거지요. 하지만 뒷글자 '잡'은 '복잡' 할 때의 '잡'이에요. 이것을 '찹'이라 쓰게 되면 '마음이 복잡하다'라는 의미가 사라지므로 '착잡'이라고 써야 해요.

🔴 예) 오빠가 대학에 불합격했다는 소리를 들어 마음이 <u>착잡하다</u>.

창피 ⭕ 챔피 ❌

체면이 깎이는 일이나 아니꼬운 일을 당함 또는 그에 대한 부끄러움

'창피'의 마지막 글자 'ㅣ'가 앞 글자에 영향을 주면 '챔피'라는 말이 됩니다. 발음을 편하게 하려고 생기는 일이지만 맞춤법에서는 틀린 말입니다.

예 사람들 많은 곳에서 크게 넘어졌어. **창피**해서 아픈 것도 못 느꼈어.

책꽂이 ⭕ 책꽃이 ❌

책을 꽂아 두는 가구

'책꽂이'는 '책을 꽂아 두는 가구'예요. '책 + 꽂- + -이'라는 표기 자체가 의미를 그대로 보여 주지요. 받침 'ㅈ'을 확인하고 싶다면 '책꽂이'를 발음해 보세요. [책꼬지]로 발음되지요? [책꼬지]라는 발음에서 '지'의 첫소리 'ㅈ'을 앞말의 받침으로 돌려주면 받침이 'ㅈ'임을 확인할 수 있어요.

예 도서관 **책꽂이**의 가장 위 칸은 너무 높아서 손이 닿지 않아.

천장 ⭕ 천정 ❌

지붕의 밑, 방의 위쪽에 평평하게 가로막은 부분

'천장'의 '장'은 '가로막다'라는 의미를 가져요. 이것을 '천정'으로 잘못 쓰지 않아야 해요.

예 옛날에는 **천장**에서 물이 새는 집도 많았대요.

초점 ⭕ 촛점 ❌

사람들의 관심이나 주의가 집중되는 사물의 중심 부분

'초점'의 '초'와 '점' 사이에는 'ㅅ'을 쓸 수 없답니다. '초점(焦點)'은 한자어거든요. 한자어 사이에는 'ㅅ'을 적지 않는 것이 원칙이에요.

예 너무 졸려서 눈의 <u>초점</u>이 점점 흐려진다.

치르다 ⭕ 치루다 ❌

무슨 일을 겪어 내다

'치르다'는 '무슨 일을 겪다'라는 의미예요. '물건의 값을 내다'라는 의미로 많이 쓰이지요. 그 밖에도 '시험을 치르다, 손님을 치르다, 큰일을 치르다' 등으로 쓰여요. '치르다'는 '-어'를 만나면 '치러'가 돼요. '치르'에서 'ㅡ'가 없어지는 거예요. '값을 치러, 일을 치러' 등으로 바꾸어 가면서 표기를 확인하세요.

예 나는 시험을 <u>치르기</u> 전에 꼭 사탕을 먹어야 긴장이 풀려.

커피숍 ⭕ 커피숖 ❌

주로 커피를 팔면서 사람들이 이야기하거나 쉴 수 있도록 꾸며 놓은 가게

'커피숍'은 영어로 'coffee shop'이에요. 영어 'p'로 끝나니까 우리말로 '숖'이라고 적는 일이 많지만 이것은 틀린 표기입니다. '커피숖'에 '에'를 붙여 발음해 보세요. [커피쇼베]라고 소리 나요. '베'의 'ㅂ'을 앞말 받침에 돌려주세요. 발음 때문에 '커피숍'이라고 적는 거예요. 만일 [커피쇼페]로 발음된다면 '커피숖에'라 적어야 하겠지만 우리는 [커피쇼베], [커피쇼븐], [커피쇼비], [커피쇼블] 등으로 소리 낸답니다.

예) 우리 동네에는 예쁜 **커피숍**이 많아.

켜다 ⭕ 키다 ❌

등잔이나 양초 따위에 불을 붙이거나 성냥이나 라이터 따위에 불을 일으키다

'불을 켜세요'를 '불을 키세요'로 잘못 적지 않도록 해요. '켜세요'는 '켜다'에서 온 말인데, 이 '켜'를 '키 + 어'라고 생각하면 '키세요'로 잘못 적게 된답니다.

예) 불을 **켜야** 사물을 구분할 수 있어요.

트림 ⭕ 트름 ❌

소화가 잘 안될 때 입으로 나오는 가스

'트림'은 600년 전 책에도 나오는 역사가 깊은 말이고, 속담에도 자주 등장해요. 이 말을 '트름'이라고 잘못 적지 않도록 하세요.

📢 밥상에서 <u>트림</u>하는 것은 예의 없는 행동이야.

폭발 ⭕ 폭팔 ❌

불이 일어나며 갑작스럽게 터짐

'폭발'을 [폭팔]로 발음하기 쉬워요. 앞 음절에 'ㅍ'이 있으니 더 쉽게 발음하려는 경향이지요. 하지만 '폭팔'이라고 적어서는 안 됩니다. '폭발'의 '발'은 '발사' 할 때의 '발'이에요. 이것을 '팔'이라 쓰게 되면 그 의미가 사라지는 거지요.

📢 태양의 표면에는 수시로 <u>폭발</u>이 일어난다.

하마터면 ⭕ 하마트면 ❌

조금만 잘못하였더라면

위험한 상황을 조마조마하게 벗어났을 때 우리는 '하마터면 큰일 날 뻔했다'라고 해요. '하마터면'이 어디서 왔는지는 알 수 없어요. 많은 사람들이 '하마터면'이라고 말하기에 표기가 그렇게 정해진 거랍니다.

🔴 예 피아노 대회날 늦잠을 자서, <u>하마터면</u> 큰일 날 뻔했어.

할게 ⭕ 할께 ❌

어떤 행동을 하겠다고 약속하는 경우에 '-ㄹ게'를 씁니다. '내가 할게, 내가 갈게'를 보세요. '게' 앞에 'ㄹ'이 있네요. 이 'ㄹ' 때문에 '게'는 언제나 [께]로 소리 납니다. 하지만 표기에 반영하지는 않아요. 'ㄹ' 때문에 된소리가 난다는 것을 예측할 수 있으니까요. 따라서 이 말은 언제나 '할게'로 적는다는 점 기억하세요. '할게' 뒤에 '요'가 붙은 '할게요'도 마찬가지입니다.

🔴 예 오늘은 언니 생일이니까 저녁에 내가 요리<u>할게</u>.

해님 ⭕ 햇님 ❌
'해'를 인격화하여 높이거나 다정하게 이르는 말

'해님'은 '해'에 '님'이 붙은 말이에요. '해'와 '님' 사이에는 'ㅅ'을 적지 않는답니다. 우리 말에서 단어 안에 'ㅅ'을 넣으려면 한 단어 속의 말이 '○○의 ○○'로 해석되어야 해요. '○○의 ○○'가 되려면 앞말도 혼자 쓸 수 있고 뒷말도 혼자 쓸 수 있어야 해요. '해님'은 '해의 님'인가요? 그렇지 않아요. '해'는 혼자 쓸 수 있지만, '님'은 아니에요. '해님, 달님'에서 '님'은 해와 달을 각각 높이기 위해 붙여 준 말이거든요. 그래서 이 말에는 'ㅅ'을 적을 수가 없어요. 발음을 정확하게 [해님]으로 말하는 것도 이 말을 제대로 쓰는 데 도움이 된답니다.

예) 내 동생이 제일 좋아하는 동화책은 '<u>해님</u> 달님'이야.

헷갈리다 ⭕ 헛갈리다 ⭕
정신이 혼란스럽게 되다

무엇인가가 뒤섞여 질서가 잡히지 않을 때 우리는 '헷갈리다'라고 말하지요. '혼동되어 어지럽다'라는 의미로도 쓰입니다. 이와 똑같은 말이 '헛갈리다'예요. 예전에는 '헛갈리다'만이 올바른 표기였어요. 하지만 많은 사람들이 이를 '헷갈리다'로 소리 낸다는 것이 밝혀지면서 '헷갈리다'도 올바른 표기로 인정하게 되었답니다. '헛갈리다, 헷갈리다'가 모두 맞는 표기가 된 거예요.

예) 맞춤법이 자꾸 <u>헛갈려요(=헷갈려요)</u>.

환절기 ⭕ 간절기 ❌
계절이 바뀌는 시기

'환절기'는 한자어예요. 이 말 안의 한자 '바꿀 환(換) + 계절 절(節) + 시기 기(期)'의 의미를 모으면 '계절이 바뀌는 시기'라는 뜻이 되지요. 때때로 '계절과 계절 사이'라는 의미로 '바꿀 환(換)' 대신 '사이 간(間)'을 써서 '간절기'라고 잘못 말하는 경우도 있어요. 하지만 '간절기'는 틀린 말이랍니다.

예 <u>환절기</u>에는 밤낮의 온도 차가 심해서 감기에 쉽게 걸려요.

후유증 ⭕ 휴유증 ❌
어떤 일이 생긴 이후에 남는 증세

'후유증'은 한자어예요. 단어 안의 한자 '뒤 후(後) + 남길 유(遺) + 병 증(症)'의 의미가 모이면 그대로 단어의 뜻이 되지요. '후유증'을 '휴유증'이라고 잘못 쓰지 않아야 해요. '휴'로 잘못 쓰게 되면 '뒤 후'의 의미가 사라져서 '후유증'의 의미를 제대로 나타낼 수 없으니까요.

🔴 할머니는 교통사고 **후유증**이 심하셔서 일을 그만두셨어.

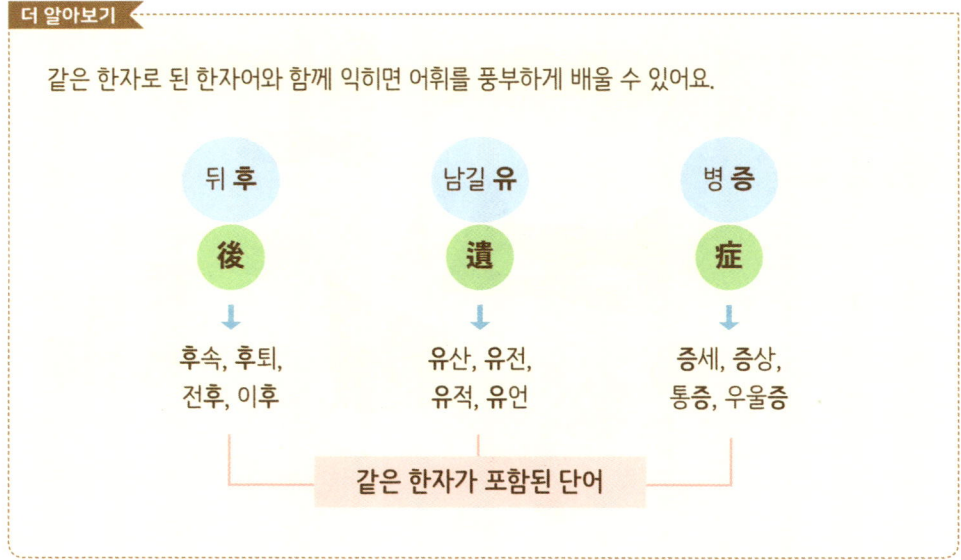

휴게실 ⭕ 휴개실 ❌
잠깐 동안 쉴 수 있도록 마련해 놓은 방

'휴게'에는 '잠깐 쉼'이라는 의미가 있어요. 그래서 '휴게실'은 '잠깐 동안 쉴 수 있도록 마련해 놓은 방'을, '휴게소'는 '잠깐 머물 수 있는 공간'을 의미해요. 이 말을 '휴개'나 '휴계'로 잘못 쓰지 않도록 해요.

🔴 선생님들이 쉬시는 **휴게실**은 4층에 있어.

힘껏 ⭕ 힘것 ❌

있는 힘을 다하여 또는 힘이 닿는 데까지

'힘껏'은 '있는 힘을 다하여'나 '힘이 닿는 데까지'라는 의미입니다. '-껏'의 의미는 '앞말이 다하는 데까지'라서 '힘껏'에도 '다하여'나 '닿는 데까지'라는 의미가 생겼어요.

예) 줄을 **힘껏** 잡아당겨야 줄다리기에서 이길 수 있어.

> **더 알아보기**
>
> '-껏'이 쓰이는 예시 단어
> - 정성껏, 재주껏, 성의껏, 한껏, 힘껏, 마음껏(맘껏), 욕심껏

알쏭달쏭 헷갈리기 쉬워요

맞춤법 퀴즈

> 한국인이 헷갈리는
> **맞춤법 Top 5!**
> 나는 알고 있을까?

1 우리 엄마는 학원에서 학생들을 (가리키신다 / 가르치신다).

2 과자 양이 너무 (작아서 / 적어서) 여전히 배가 고프다.

3 약을 먹었더니 감기가 싹 (낳았어 / 나았어).

4 이 문은 (어떻게 / 어떡해) 여는 거야?

5 (웬지 / 왠지) 오늘은 떡볶이가 먹고 싶어!

1 우리 엄마는 학원에서 학생들을 (가리키신다 / **가르치신다**).

2 과자 양이 너무 (작아서 / **적어서**) 여전히 배가 고프다.

3 약을 먹었더니 감기가 싹 (낳았어 / **나았어**).

4 이 문은 (**어떻게** / 어떡해) 여는 거야?

5 (웬지 / **왠지**) 오늘은 떡볶이가 먹고 싶어!

가르치다 vs 가리키다

'가르치다'는 '교육하다', '가리키다'는 '지시하다'의 의미를 가져요. '가르치다'와 '가리키다'를 혼동하거나 둘을 합쳐 '가르키다'로 잘못 쓰지 않도록 하세요.

예 선생님은 칠판을 <u>가리키시며</u> 국어를 <u>가르치셨다</u>.

갔다 vs 갖다

'갔다'의 기본형은 '가다'예요. 받침 'ㅆ'이 '가다'를 과거로 만들어 주지요. '갖다'는 '가지다'의 준말이에요. '지'의 'ㅈ'이 '갖다'의 받침이 되었어요. 둘 다 [갇따]로 소리 나지만 전혀 다른 단어입니다.

예 엄마가 준 돈 <u>갖고</u> 심부름 <u>갔다</u> 와.

개발 vs 계발

'개발'과 '계발'은 모두 '이전보다 좋아지다'라는 의미지만 쓰임이 조금 달라요. '개발'은 주로 실제로 보이는 것에 쓰이는 일이 많아요. '기술, 경제, 제품, 국토, 인력' 같은 단어와 함께 쓰이지요. '계발'은 '능력, 재질, 재능'과 같이 보이지 않는 것과 자주 쓰입니다.

> 예 요즘 그 식품 회사에서 매운맛 라면 **개발**에 힘쓰더라.
> 자기 **계발**서는 늘 사람들에게 인기가 많다.

거름 vs 걸음

'거름'은 '땅을 기름지게 하는 비료'예요. 소리 나는 대로 '거름'이라 적으면 돼요. '걸음'은 뭘까요? '걷다'에 'ㅁ'을 붙인 말이에요. '발걸음' 할 때의 그 '걸음'입니다. '걷다'는 '걸어, 걸어서'처럼 모음 앞에서 'ㄷ'이 'ㄹ'로 바뀌는 말이에요. 따라서 '걷음'이 아닌 '걸음'이 되는 거예요.

> 예 토요일에 아빠와 주말농장에 가서 땅에 **거름**을 주고 왔다.
> 몇 **걸음** 걷지 않았는데도 다리가 아프다.

거치다 vs 걷히다

'거치다'는 '어디를 지나다'의 뜻이에요. '어떤 단계를 밟음'이라는 의미도 가지지요. '걷히다'는 '걷다'에 '히'가 들어간 거예요. 어떤 단어에 '-히'가 들어가면 '○○게 하다'나 '○○를 당하다'라는 의미가 생겨요. 누군가가 소매를 걷었다고 생각해 보세요. 그러면 소매의 입장에서는 걷어진 거지요? 그 의미의 말이 '걷히다'예요. 이 말은 '회비가 걷히다, 안개가 걷히다'로 쓰이기도 해요.

> 예 학교에서 집에 가려면 분식집을 **거쳐야** 해.
> 커튼이 **걷히자** 햇살이 느껴졌다.

결재 vs 결제

더 익숙한 말인 '결제'의 뜻부터 생각하세요. '결제'는 '돈을 주고 거래를 끝내다'라는 의미예요. '영수증'을 생각하면 쉬워요. 우리가 가게에서 결제하고 받는 것이 영수증이에요. 한편, '결재'는 여러분은 거의 사용하지 않는 말이에요. '더 높은 사람이 안건◆을 승인하는 것'으로, 어른들이 회사에서 많이 쓰는 말이지요.

예 회장님이 **결재**를 하셔야 프로젝트를 시작할 수 있다.
　가게에서 **결제**를 하면 영수증을 준다.

◆ '안건'이란, '토의하거나 조사하여야 할 사실'이라는 의미예요.

곧 vs 곳

'곧'은 '금방'이라는 의미예요. 반면 '곳'은 '장소'를 뜻하는 말이에요. 뒤에 '-에서'를 붙인 '곳에서[고세서]'의 소리를 확인하세요. 'ㅅ'을 앞말에 돌려주어 적은 것이 '곳'이라는 표기랍니다.

예) <u>곧</u> 네가 있는 <u>곳</u>으로 갈게!

골다 vs 곯다

'골다'는 '코를 골다'에 쓰이는 것처럼 '잠잘 때 내는 드르렁거리는 소리'를 의미해요. 이 '골다'는 'ㄴ'을 만나면 'ㄹ'이 없어져요. '코를 고는 아빠'처럼요. '곯다'는 계란이나 과일 등이 상했을 때, 혹은 오래 굶어 배고플 때 쓰는 말이에요. '곯'의 받침 'ㅎ'과 '다'의 첫소리 'ㄷ'이 만나면 'ㅌ' 소리가 나요. 따라서 '곯다'의 발음은 [골타]예요.

예) 아빠는 매일 밤 코를 <u>골면서</u> 자요.
사과가 <u>곯아서</u> 먹을 수가 없어요.

그러므로 vs 그럼으로

'그러므로'는 문장과 문장을 연결할 때 쓰여요. '그러므로' 앞에 놓인 문장이 원인이 되고 뒤에 놓인 문장이 결과가 되지요. '그럼으로'는 '그렇게 함으로'라는 뜻이에요. '그러므로'와 달리 '써'를 붙여 '그럼으로써'로 자주 쓰인답니다.

예) 그는 꾸준히 공부한다. <u>그러므로</u> 성적이 좋다.
그는 꾸준히 공부한다. <u>그럼으로(써)</u> 자신을 발전시킨다.

그치다 vs 끝이다

뜻으로만 보면 '그치다'와 '끝이다'는 비슷해요. '그치다'는 '멈추거나 끝나다'의 의미거든요. '그치다'의 의미 안에 '끝이다'가 든 거죠. 그런데 그 쓰임은 조금 달라요. '그치다'는 한 단어고, 주로 서술어로 쓰입니다. 반면, '끝이다'는 두 단어입니다. '끝'과 '이다'가 각각 단어거든요. 여기서 '끝' 뒤의 '이다'는 문장 안의 역할만 결정하는 거예요.

예) 이 비가 <u>그치면</u>, 너와 함께 우산을 쓰는 이 행복한 시간도 <u>끝이다</u>.

> **더 알아보기**
>
> '그치다'는 '멎다, 머물다, 멈추다'로 의미가 다양해요.
>
> 예) 3일 만에 비가 <u>그쳤다</u>(=멎다).
> 진호는 작년에 이어 올해도 아쉽게 2위에 <u>그쳤다</u>(=머물다).
> 울면서 교실에 들어오는 유경이를 보고 다들 웃음을 <u>그쳤다</u>(=멈추다).

깍듯이 vs 깎듯이

사전을 찾아보면 '깍듯이'만 나오고 '깎듯이'라는 말은 안 나와요. 하지만 둘 다 있는 말이에요. '깍듯이'는 '예의범절이 분명하다'라는 의미로 쓰는 말이에요. '깍듯 + 이'가 합쳐진 말로 '깍듯하다'와 의미가 연결된 말이지요. 반면 '깎듯이'는 '깎- + -듯이'입니다. '깎는 것처럼'이라는 의미로, '깎다'가 변신한 거지요.

예) 그 가수는 후배들에게도 **깍듯이** 인사하는 걸로 유명하다.
감자도 사과 **깎듯이** 깎아 봐.

껍데기 vs 껍질

'껍데기'와 '껍질'은 모두 겉을 싸고 있는 부분을 가리켜요. 둘을 구분하는 가장 쉬운 기준은 '단단함, 딱딱함'이에요. '껍질'은 귤이나 양파 등 단단하지 않은 것을 싼 바깥 부분이라는 의미로 주로 쓰이고, '껍데기'는 달걀이나 조개 등을 싸고 있는 단단한 겉 부분을 말할 때 주로 쓰입니다.

예) 부엌에 있는 달걀 **껍데기**랑 귤**껍질** 좀 치워 줘.

꼬리 vs 꽁무니 vs 꽁지

꽁지는 '새의 엉덩이 끝에 붙은 깃'을 가리킵니다. 그래서 '새 꽁지, 닭 꽁지'처럼만 씁니다. 반면, 새를 제외한 동물의 몸 뒤 끝에 붙은 것은 '꼬리'라고 합니다. '개 꼬리, 여우 꼬리' 등으로 쓰이지요. '꽁무니'는 두 경우 모두 쓸 수 있어요. '개 꽁무니', '새 꽁무니'가 다 올바른 표기지요. 또한 꽁무니는 '꽁무니를 따라다니다', '꽁무니를 빼다' 등 관용구로도 많이 쓰인다는 것을 알아 두세요.

예) 강아지가 **꼬리**를 흔들며 나에게 온다.

범인이 슬그머니 **꽁무니**를 뺐다.

꽁지 빠진 수탉 같다.

나르다 vs 날다

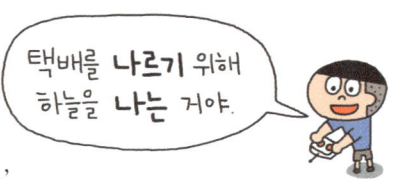

'나르다'는 '물건 따위를 옮기는 것'을 말하고, '날다'는 '공중에 떠가는 것'을 말해요. 이 단어가 혼동되는 이유는 '날다'를 '날으는, 날으니'로 잘못 변형해서 그래요. 이렇게 잘못 변형하면 '나르다'를 변형한 '나르는, 나르니'와 발음이 똑같아서 헷갈리잖아요. '날다'처럼 'ㄹ'을 가진 말들이 'ㄴ'과 만나면 'ㄹ'이 탈락해요. 따라서 '나는, 나니'로 변형해야 올바르다는 것을 기억하세요.

예) 저 드론은 택배를 **나르기** 위해 하늘을 **나는** 거야.

낫다 vs 낳다

'낫다'는 '병이나 상처 등이 고쳐져 본래대로 되다'라는 뜻이고, '낳다'는 '배 속의 아이, 새끼, 알을 몸 밖으로 내놓는 것'을 의미해요. 이 '낫다'와 '낳다'를 혼동하는 일이 많아요. 뒤에 모음이 붙으면 발음이 같아져서 생기는 일이에요. 기본형의 발음으로 구분하면 그렇게 어렵지 않아요. '아이를 낳다[나타]' 할 때의 [ㅌ]을 보세요. 'ㅌ'은 'ㅎ'과 'ㄷ'이 합쳐진 거잖아요. 이 발음 때문에 '낳다'로 적는 거예요. 반면 '낫다'는 [나따/낟따]로 소리 나요. 절대 'ㅌ'이 소리 나는 경우가 없지요. 이렇게 기본형의 발음으로 '낫다'와 '낳다'를 구분하면 된답니다.

🟢 예 우리 누나는 '<u>낳았어</u>'와 '<u>나았어</u>'의 차이를 모르는 것 같아.

낮 vs 낯

'낮'은 '하루 중 해가 있어 밝은 시간'을 가리키는 말이에요. '낮에[나제]'로 발음되기 때문에 [제]의 'ㅈ'이 앞말의 받침이 되어 '낮'이 돼요. 반면 '낯'은 '얼굴'의 순우리말이에요. '민얼굴'을 의미하는 '민낯'에 쓰이는 말이지요. '민낯에'의 발음 [민나체]를 보고 '낯'의 'ㅊ' 받침을 확인할 수 있어요.

🟢 예 <u>낮</u>에는 학교 끝나고 태권도 도장에 가.
연예인들은 <u>민낯</u>도 참 예뻐.

너머 vs 넘어

'너머'와 '넘어'를 구분하는 가장 쉬운 방법은 발의 움직임을 확인하는 거예요. '넘다'에서 온 '넘어'에는 분명한 움직임이 있어요. 하지만 '너머'는 그렇지 않아요. '어깨너머'를 생각해 보세요. 발의 움직임이 있나요? 그렇지 않지요. 그냥 눈으로 보는 거잖아요. 이때는 '너머'만 쓸 수 있어요. 또한 '넘어'는 '넘고, 넘어서, 넘으니까, 넘으면'으로 바꾸어 쓸 수 있어요. 하지만 '너머'는 바꾸어 쓸 수 없는 말이에요. '사물의 저쪽이나 어떤 공간을 가리키는 말'로, 항상 '너머'로만 쓰인답니다.

예 이 담 너머에는 자유가 있어. 담을 넘어 이곳에서 탈출할 거야.

너비 vs 넓이

'너비'와 '넓이'는 수학 시간에 많이 나오는 말이에요. 꼭 구별해 두는 게 좋겠죠. '너비'는 '평면의 가로로 건너지른 거리'를 가리키는 말이에요. 반면 넓이는 '평면 공간이나 범위의 크기'를 말해요. 흔히 사각형으로 치면 '가로' 길이는 '너비', '가로'와 '세로'의 길이를 곱해서 나오는 것은 '넓이'지요. 우리가 흔히 쓰는 '어깨넓이'는 잘못된 말로, '양어깨 사이의 가로 길이'를 말하는 것이니 '어깨너비'로 적어야 맞아요.

예 직사각형의 너비를 구하려면 가로 길이를 재면 돼.
　직사각형의 넓이를 구하려면 가로와 세로의 길이를 곱하면 돼.

넓적하다 vs 넙적하다

'넓적하다'와 '넙적하다'는 비슷해 보이지만 다른 단어예요. '넓적하다'는 우리가 잘 아는 '면적이 크다'를 말할 때 쓰는 말이에요. '넓다'의 의미가 들어 있을 때는 '넓적하다'라고 쓰면 됩니다. 의미가 같은 말은 같은 모양으로 써야 통하니까요. 반면, '넙적하다'는 '무엇인가를 냉큼 받는다'라는 의미랍니다.

예 넓적한 잔디밭에서 다 같이 놀고 싶어.
　강아지는 배고팠는지, 사료를 넙적 받아먹었다.

늘리다 vs 늘이다

'늘리다'와 '늘이다'는 커지거나 많아진다는 점에서는 의미가 통하지만 쓰임이 달라요. '늘리다'는 '넓이, 양, 시간'을 더 많아지게 하는 것을 말해요. '늘다'에 '○○하게 하다'의 의미를 가진 '-리-'가 붙어 생긴 말이거든요. '늘이다' 역시 '늘다'에 '-이-'가 붙은 말인데, 특별히 '길이'와 관련된 말에 자주 쓰입니다.

예) 하루를 36시간으로 <u>늘릴</u> 수 있다면 24시간 동안 자고 싶어.

1년 사이 키가 커져서 바짓단을 <u>늘였어</u>.

> **더 알아보기**
>
> **'늘리다'와 '늘이다'의 쓰임새**
> - **늘리다**: 양을 늘리다, 수명을 늘리다, 시간을 늘리다, 부피를 늘리다
> - **늘이다**: 엿가락을 늘이다, 고무줄을 늘이다, 커튼을 늘이다

다르다 vs 틀리다

'다르다'와 '틀리다'는 각 단어의 반대말을 생각하면 구분하기 좋아요. '틀리다'의 반대말은 '맞다'입니다. '옳다', '그르다'를 판단하는 데 쓰는 말이고, 부정적 의미가 들었어요. '다르다'는 그렇지 않아요. '다르다'의 반대말은 '같다'로, '비교 대상과 같지 않다'라는 의미로 쓰인답니다. 따라서 우리가 흔히 쓰는 '틀린 그림 찾기'는 잘못된 표현이에요. 둘 중 어느 그림이 맞는지를 판단하는 놀이가 아니라 비교하여 다른 부분을 찾는 놀이니까 '다른 그림 찾기'로 써야 맞답니다.

예) 5번 문제에서 나랑 강준이의 답이 <u>달랐어</u>. 채점했더니 내가 맞았고, 강준이가 **틀렸어**.

다리다 vs 달이다

'다리다'는 '주름을 펴기 위해 다리미로 문지르는 행동'을 가리키는 말이에요. 의미가 같은 부분은 동일하게 적어야 전달이 잘되므로 '다리미'의 앞부분과 같이 '다리다'로 적는 거예요. 반면에 '달이다'는 '약이나 국을 푹 끓여 진하게 만드는 것'을 의미해요. '간장을 달이다', '한약을 달이다'처럼 쓸 수 있어요.

🟢 예 매일 아침 아버지가 내 셔츠와 바지를 <u>다려</u> 주신다.
요즘 건강이 안 좋으니, 한약을 <u>달여</u> 먹는 게 좋겠어.

다치다 vs 닫히다

'다치다'는 상처가 생기는 것을 뜻하는 말이에요. '다리를 다치다, 무릎을 다치다'처럼 다치는 부위와 함께 쓰여요. '닫히다'는 '닫다'에 '당하다'의 의미를 가진 '-히'가 들어간 말이에요. 예를 들어, 내가 문을 닫았어요. 그러면 문의 입장에서는 '닫다'를 당한 거겠지요. 이때 '문이 닫히다'라고 쓰는 거예요.

🟢 예 갑자기 문이 <u>닫혀서</u> 손을 <u>다쳤다</u>.

닫다 vs 닿다

'닫다'는 '문, 서랍, 뚜껑' 등을 제자리로 가게 하여 무언가를 막을 때 쓰는 말이에요. 모음을 연결해 보면 '닫아서[다다서]'로 소리 나니 뒤로 넘어간 'ㄷ'을 앞말의 받침에 적어 주는 거예요. '닿다'는 '물체끼리 서로 맞붙는 행동'을 뜻하는 말이에요. '닿다'의 정확한 발음은 [닫따]가 아닌 [닫타/다타]입니다. 'ㅎ'과 'ㄷ'이 만나면 'ㅌ'이 되기 때문에, '타'로 발음해야 'ㅎ'을 받침으로 적을 수 있어요.

🟢 예 너는 이미 마음의 문을 <u>닫았지만</u>, 그래도 내 마음이 너에게 <u>닿기를</u> 바라고 있어.

달리다 vs 딸리다

'빠르게 뛰다'를 의미하는 '달리다'는 우리가 너무 잘 아는 단어이지요. 그런데 '뛰다'의 의미를 갖지 않는 '달리다'도 있어요. 이 '달리다'는 '경제력이나 능력 등이 모자라다'라는 뜻의 단어입니다. 이 두 번째 '달리다'를 '딸리다'로 잘못 적는 일이 많습니다. '딸리다'는 '어디에 속하거나 붙어 있다'라는 의미이니 헷갈리지 않도록 해요.

예 <u>달리고 달려서</u> 너희 집 앞까지 왔어.
　　재는 다른 연습생들에 비해 실력이 <u>달리네</u>.
　　앨범을 샀더니 포토 카드와 포스터가 <u>딸려</u> 왔어.

당기다 vs 댕기다 vs 땅기다

'당기다'의 가장 큰 뜻은 '머리카락을 당기다' 할 때의 '끌어당기다'예요. 이 말이 '입맛이 생기다'라는 의미의 '입맛 당기다'로 사용되기도 하지요. 이 '당기다'를 '댕기다'로 쓰면 안 됩니다. '댕기다'는 '불붙게 하다'의 의미를 갖거든요. '당기다'를 '땅기다'로 쓰는 것도 안 됩니다. '땅기다'는 겨울철에 건조해서 얼굴이 팽팽해질 때 쓰는 말이랍니다.

예 머리카락을 그렇게 <u>당기면</u> 아프잖아.
　　그는 독립운동의 불씨를 <u>댕겼다</u>.
　　겨울철에는 건조해서 얼굴이 <u>땅기는</u> 일이 많아요.

대로 vs 데로

'대로'는 '어떤 모양이나 상태로'라는 의미나 '끝나는 즉시'라는 의미로 쓰이는 말이에요. '끝나는 대로 와라', '저대로 계획이 있어요'처럼요. 반면 '데로'는 '장소'를 의미하는 '데'에 '로'라는 조사가 붙은 거예요. '로' 없이 '데'만 쓰이는 경우도 많아요. '데로'를 '곳으로'나 '부분으로'로 바꿔 보세요. 의미가 통하면 '데로'라고 적으면 됩니다.

예 밤에 어두운 <u>데로</u> 다니면 위험해. 엄마가 일 끝나는 <u>대로</u> 데리러 갈게.

-던지 vs -든지

'-던지'와 '-든지'를 구분하려면 '-더-'에 과거의 의미가 있다는 것만 알면 돼요. '-던지'는 과거의 의미에만 쓰이지만 '든지'는 그렇지 않아요. 이 말은 무엇인가를 선택할 때 쓰는 말이랍니다.

예 민우가 어찌나 빨리 **먹던지**, 내가 체하는 기분이었어.

슬라임을 **사든지** 클레이를 **사든지** 하나만 사라.

덥다 vs 덮다

'덥다'는 '온도가 높을 때'를 가리키는 말이에요. '덥다'에 '어'를 연결해 보세요. '더워'가 되네요. 이렇듯 '덥다'는 모음을 만나면 형태가 바뀌는 불규칙 동사랍니다. 반면 '덮다'는 '무엇인가를 얹어 안이 보이지 않게 하다'라는 의미지요. 모음을 연결한 '덮어[더퍼]'의 발음을 보세요. '퍼'의 'ㅍ'을 앞말 받침으로 돌려주면 '덮다'의 올바른 표기를 얻을 수 있어요.

예 나는 아무리 **더워도** 이불을 꼭 **덮고** 잔다.

두껍다 vs 두텁다

'두껍다'는 '두께가 보통의 정도보다 크다'라는 의미예요. '벽이 두껍다, 책이 두껍다'처럼 쓰이지요. '두텁다'는 '신뢰, 인정, 애정, 관계 등이 깊고 단단하다'라는 의미로, 주로 보이지 않는 것들과 함께 쓰여요.

예 연희가 책꽂이에서 **두꺼운** 책을 몇 권 꺼내 왔다.

그 선생님은 아이들에게 **두터운** 애정이 있다.

드러내다 vs 들어내다

'들어내다'는 '물건을 들어서 밖으로 옮기다'라는 뜻으로, 단어 안에 '들다'와 '내다'의 의미가 그대로 있어요. 반면 '드러내다'는 '사실이 밝혀지다'나 '보이지 않던 것이 나타나는 것'을 뜻하는 '드러나다'에서 온 말이에요. '드러나다'에 '-게 되다'의 의미인 'ㅣ'가 들어간 말이지요. 따라서 '드러나게 되다'의 뜻을 가진답니다.

- 예) 드디어 범인이 정체를 드러냈다.
  이전 책상을 들어내고 새 책상을 놓았다.

들르다 vs 들리다

'들르다'는 '가는 길에 잠깐 머물다'라는 의미예요. 반면, '들리다'는 '듣다'와 연관된 말이에요. '듣다'는 스스로 듣는 것이고, '들리다'는 소리가 저절로 귀에 들어오는 거지요.

- 예) 편의점에 들러 컵라면을 샀다.
  자꾸 어디서 이상한 소리가 들린다.

들이켜다 vs 들이키다

'들이켜다'는 '물이나 공기를 마구 마시다'라는 의미입니다. 이 말을 '들이키다'로 잘못 쓰지 않도록 하세요. '들이키다'는 '안쪽으로 가까이 옮기다'라는 의미를 가진 말이랍니다.

- 예) 운동 후 목이 너무 말라서 한 번에 물을 들이켰다.
  발을 조금 더 이쪽으로 들이키렴.

때다 vs 떼다

'때다'는 '아궁이 따위에 불을 지피어 타게 하다'라는 의미예요. '나무를 때다'처럼 쓰인답니다. 반면 '떼다'는 '붙어 있는 것을 떨어지게 하다'라는 의미를 가졌어요. '상표를 떼다' 등으로 쓰이지요.

- 예) 벽난로에 불을 <u>때면</u> 따듯해져요.
  새 옷에 붙은 상표를 <u>뗄</u> 때가 제일 행복해.

떨다 vs 털다

'떨다'와 '털다'는 비슷한 의미입니다. 모두 '붙은 것을 떼어 내다'라는 뜻이거든요. 사실 '털다'가 '떨다'보다 의미가 더 큽니다. 맞춤법에서는 '담뱃재, 먼지, 옷에 얹힌 눈'과 같은 작은 것들은 '털다'보다 가벼운 의미인 '떨다'와 함께 쓰도록 되어 있답니다. 그러니 먼지를 떠는 도구는 '먼지떨이'가 올바른 표기인 거죠. 마찬가지 이유로 '재떨이'가 맞는 표현이랍니다. 반면 '털이'가 붙은 말로는 '은행털이, 빈집 털이'와 같은 것들이 있습니다.

- 예) 이불을 <u>털어</u> 먼지를 <u>떨어내다</u>.

띄다 vs 띠다

'띄다'는 '눈에 들어오다'라는 의미예요. 원래는 '눈에 뜨이다'로 쓰이는 말인데, 이를 줄인 '눈에 띄다'로 더 많이 쓰여요. 반면 '띠다'는 주로 '빛이나 색깔을 가지다'의 의미로 쓰여요. 이 말이 좀 더 넓게 쓰이면 '성질이나 기운을 가지다'의 의미로도 쓰이지요.

- 예) 노란빛을 <u>띤</u> 옷을 입으면 확실히 눈에 <u>띄겠지</u>!

-로서 vs -로써

'로서'는 자격을 가리키는 말이고, '로써'는 수단이나 방법을 나타내는 말입니다. 의미를 구분하는 것과 함께 정확히 발음해야 혼동되지 않는답니다.

예 선생님으로서 조언하자면, 친구와의 다툼은 말로써 해결해야 해.

맞다 vs 맡다

'맞다'는 '틀리다'의 반대말이에요. '옳다, 그르다'를 판단할 때 쓰는 말이지요. '맡다'는 '책임지다, 담당하다'라는 의미예요. '맡은'의 발음 [마튼]에서 뒤로 넘어간 'ㅌ'을 앞말의 받침에 돌려준 것이 '맡다'의 표기랍니다.

예 늘 네가 맞고 내가 틀린 건 아니야.
　　요리는 내가 맡아서 할게. 청소는 네가 해 줄래?

맞추다 vs 맞히다

'맞히다'는 '답이 맞다', '주사를 맞다'의 '맞다'에 '-히-'가 붙은 거예요. 여기서 '-히-'는 '○○게 하다'의 의미를 덧붙이는 말이에요. '답을 맞히다'처럼 함께 쓰이는 말로 기억하세요. '맞추다'는 '두 개 이상의 사물을 비교하는 것'이에요. '친구와 일정을 맞추다', '서로 답을 맞추어 보다' 등으로 쓰인답니다.

예) 짝꿍과 시험 문제의 답을 **맞춰** 보니 내가 **맞힌** 것이 더 많다.

매다 vs 메다

'매다'는 '끈으로 묶다'의 의미예요. '매듭' 할 때의 '매'와 의미가 통하죠. 이 '매다'가 쓰이는 단어 중 '목매다'라는 말은 '얽매이다', '전적으로 의존하다'의 의미로 많이 쓰이니 기억해 두세요. 비슷한 말소리인 '메다'는 '가방을 메다'로 가장 많이 쓰여요. '짐이나 가방 따위를 등에 지다'라는 의미지요. 때때로 '목이 막히다'의 의미로도 '메다'를 쓰니 알아 두세요.

예) 학교에 가기 위해 가방을 **메고** 신발끈을 **맸다**.
　　공부에 너무 **목매지** 마라.

머지않다 vs 멀지 않다

'멀지 않다'는 '거리가 떨어짐'이라는 뜻의 '멀다'와 관련 있어요. '거리가 떨어지지 않음'이라는 의미로 '가깝다'라고 해석되지요. '머지않다'도 '멀다'에서 온 것은 맞아요. 그런데 '멀지 않다'가 '거리가 떨어지지 않음'의 의미라면 '머지않다'는 '시간이 오래지 않음'이라는 뜻이에요. 즉, 시간상의 거리만을 가리켜요. '멀다'의 원래 의미에서 멀어진 거죠. 원래 의미에서 멀어진 것은 소리 나는 대로 적는 것이 맞춤법의 원칙이에요.

예 소희가 지금쯤이면 비행기에서 내렸을 테니, **머지않아** 전화가 올 거야.

여기서 집까지 그리 **멀지 않으니** 저 혼자 갈 수 있어요.

목 vs 몫

'목'은 머리와 몸통을 잇는 신체 부위를 가리키는 말이에요. 이 '목'과 발음이 똑같아서 혼동되는 다른 말로 '몫'이 있어요. 이 '몫'은 '무엇인가를 여럿으로 나누어 가질 때의 부분'을 가리키는 말이랍니다.

예 **목**마르니까 피자 시킬 때 콜라도 시켜 줘! 그리고 내 **몫**은 꼭 남겨 줘.

무치다 vs 묻히다

'무치다'는 요리할 때 쓰는 말이고, '양념을 넣고 골고루 뒤섞다'라는 의미예요. 주로 '나물을 무치다'로 많이 쓰여요. '묻히다'는 '먼지가 묻다' 할 때의 '묻다'에 '히'가 들어간 거예요. '묻다'는 '작은 것이 들러붙어 흔적이 남는 것'을 의미하는 단어잖아요. 여기에 '○○게 하다'의 의미인 '히'가 들어가 '작은 것을 들러붙게 하거나 흔적을 남기다'라는 의미가 된 것이 '묻히다'예요. 또 다른 의미의 '묻다'도 있어요. 땅에 무엇인가를 묻는 것이요. 그 '묻다'에 '히'가 들어가도 '묻히다'가 되지요. 이때는 '○○게 하다'가 아닌 '당하다'의 의미가 들어가요. 누군가에 의해 땅에 묻음을 당하는 거죠.

예) 나물을 <u>무칠</u> 때는 참기름이 꼭 들어가야 해.
언니 옷을 몰래 입고 나왔는데, 떡볶이 소스를 <u>묻혀</u> 버렸어.

묵다 vs 묶다

'묵다'는 '시간이 지난 상태'를 말하고, '묶다'는 '끈이나 밧줄로 매는 것'을 말합니다. '묵다, 묶다'는 모두 [묵따]로 소리 나지만 표기는 다릅니다. 모음을 연결했을 때의 뒷말 첫소리를 앞말의 받침으로 돌려주면 기본형을 알 수 있어요. '묵은[무근]', '묶은[무끈]'의 발음을 보세요. 각각 'ㄱ'과 'ㄲ'을 앞말 받침으로 돌려주면 '묵다', '묶다'의 올바른 표기를 확인할 수 있어요.

예) 오래 <u>묵은</u> 김치를 '묵은지'라고 부른대.
어제 아린이가 내 신발끈을 <u>묶어</u> 줬는데 살짝 설렜어.

바라다 vs 바래다

'바라다'는 '소망'을 말할 때 주로 쓰는 말이지요. '좋은 일이 생기길 바라요'처럼요. 이 말과 전혀 다른 말로 '바래다'가 있어요. '바래다'는 '시간이 지나 색깔이 흐려지다'라는 의미예요. 소망을 의미하는 '바라다'를 빛깔이 없어졌다는 의미의 '바래다'로 잘못 적지 않도록 하세요.

예 <u>바랜</u> 사진이라도 소중히 간직하길 <u>바라요</u>.

-박이 vs -배기

어떤 말에 '-박이'가 붙으면 '박다'나 '박히다'라는 의미가 더해진답니다. '판박이'는 '판에 박은 듯한 것'을 의미하고, '점박이'는 '점이 박힌 사람이나 동물'을 의미해요. 또 '차돌박이'는 고기에 차돌이 박힌 것 같아서 지어진 이름이지요. 모두 무엇이 박혀 있는 사람이나 짐승 또는 물건이라는 뜻이라 '박다'의 의미를 살려 '-박이'라고 적는답니다. 한편, '-배기'로 적는 것은 '박다'의 의미와 전혀 관련이 없어요. 예를 들어 '한 살배기'는 '한 살에 해당하는 나이'라는 의미이지요. '꽈배기'는 '반죽을 두 가닥으로 꽈서 기름에 튀겨 낸 과자'를 의미하고요. 이 '배기'는 어디에서 온 것인지 명확히 알 수 없어요. 알 수 없는 것은 소리 나는 대로 적는 거예요.

예 나의 <u>네 살배기</u> 동생은 얼굴이 엄마 <u>판박이</u>야.

> **더 알아보기**
>
> **'-박이'와 '-배기'의 쓰임새**
> - **박이:** 판박이, 점박이, 소박이, 차돌박이, 외톨박이, 붙박이, 토박이
> - **배기:** 한 살배기, 두 살배기, 꽈배기, 언덕배기

반드시 vs 반듯이

'반드시'는 '꼭, 틀림없이'라는 의미의 말이에요. '반드시 지킬게'처럼 약속할 때 주로 쓰는 말이지요. 이 말과 같은 소리가 나는 '반듯이'는 '바르게'의 의미입니다. '반듯하다'라는 단어에서 왔기 때문에 '반듯'을 표기에 밝혀 적는 거예요.

예 공부할 때는 반드시 반듯이 앉아야 한다.

배다 vs 베다

'배다'는 '냄새가 배다, 새끼를 배다'처럼 '스며들다, 임신하다'의 의미로 쓰인답니다. 한편 '베다'는 '베개를 베다, 손을 베다'처럼 '머리를 받치다' 혹은 '상처를 입다'의 의미로 쓰이는 말이에요.

예 손을 베어서 소독약을 발랐더니, 몸에 소독약 냄새가 배었다.

벌리다 vs 벌이다

'벌리다'는 '돈이 얻어지거나 모이다'의 의미인 '돈이 벌리다'로 많이 쓰여요. 이 말은 '돈을 벌다'에 '-리-'를 넣은 거예요. 또한 '벌리다'는 '두 팔을 벌리고'처럼 '벌어지게 하다'라는 의미도 있어요. 한편, '벌리다'와 달리 '벌이다'는 '어떤 일을 계획하여 시작하다'의 의미랍니다.

예) 재미있는 게임을 할 테니 책상 간격 <u>벌려서</u> 앉으세요.

할머니 생신을 맞이하여 동네잔치를 <u>벌였다</u>.

> **더 알아보기**
>
> **'벌리다'와 '벌이다'의 쓰임새**
> - **벌리다**: 돈이 벌리다, 간격을 벌리다, 다리를 벌리다, 입을 벌리다
> - **벌이다**: 대결을 벌이다, 잔치를 벌이다, 입씨름을 벌이다, 토론을 벌이다

봉오리 vs 봉우리

'봉오리'와 '봉우리' 모두 동그랗게 솟아오른 종 모양을 가리켜요. 다만 그 쓰임새는 달라요. '봉오리'는 '봉우리'에 비해 작은 대상에 사용됩니다. 가장 대표적인 것이 '꽃봉오리'지요. '봉우리'는 좀 더 크고 웅장한 것에 쓰입니다. 대표적으로는 '산봉우리'가 있어요.

예) 예쁜 <u>꽃봉오리</u>를 보면 기분이 좋아진다.

<u>산봉우리</u>에 하얗게 눈이 쌓였다.

부리 vs 입

사람의 몸을 가리키는 말과 동물의 몸을 가리키는 말이 다른 경우는 흔합니다. 사람의 경우 '입'이라고 하지만 조류의 경우 '부리'라고 부르는 것이 대표적인 예지요. 부리는 '새와 같은 짐승의 길고 뾰족한 주둥이'를 가리키는 말입니다. 새의 부리를 '입'이라고 하거나, 사람의 입을 '부리'라고 하지 않도록 하세요.

예 참새는 **부리**로, 나는 **입**으로 빵을 먹어요.

부수다 vs 부시다

'부수다'는 '어떤 사물을 깨뜨려 못 쓰게 만들다'라는 의미예요. '성벽을 부수다, 장난감을 부수다'처럼 쓰여요. 그런데 이 '부수 + -어'에서 온 '부숴'를 '부셔'로 잘못 적는 경우가 있어요. '부셔'는 '부시 + -어'니까 기본형이 '부시다'가 되지요. '부시다'는 '빛 때문에 눈이 시린 상태'를 표현하는 말이라서 '부수다'와는 의미가 전혀 다르답니다.

예 실수로 영훈이의 핸드폰을 **부숴서** 새로 사 주어야 한다.

햇빛에 눈이 **부셔서** 눈을 뜰 수가 없었다.

부치다 vs 붙이다

'붙이다'는 '맞닿아 떨어지지 않게 하다'라는 의미가 분명할 때만 그렇게 적어요. '붙다'에 '○○게 하다'의 의미인 '-이-'가 더해져 '붙이다'가 된 거예요. 반면 '부치다'는 '붙게 하다'라는 의미가 없어요. 그래서 '붙이다'와 달리 소리 나는 대로 적습니다.

예 해외로 편지를 <u>부치려면</u>, 우표를 사서 <u>붙여야</u> 해.

더 알아보기

'부치다'와 '붙이다'의 쓰임새
- **부치다:** 소포를 부치다(보내다), 힘에 부치다(모자라다), 전을 부치다(지지다)
- **붙이다:** 우표를 붙이다, 불을 붙이다, 종이를 벽에 붙이다

붇다 vs 붓다

'붇다'는 '불어나다'라는 뜻으로 쓰입니다. '물 때문에 부피가 커지는 것'을 의미하지요. '붇다'가 가장 많이 쓰이는 경우는 '라면이 불었다'라고 할 때예요. 한편 '붓다'는 '신체의 어느 부분이 부풀어 오르는 것'을 말해요. '발이 붓다, 손이 붓다'처럼 쓰이는 말이에요.

예 너 기다리는 동안 라면이 완전 <u>불어서</u> 맛이 없어졌어.

　　벌에 쏘였더니 몸이 퉁퉁 <u>붓고</u> 열이 나요.

비추다 vs 비치다

'비추다'는 '빛을 내는 대상이 다른 대상에 빛을 보내어 밝게 하다'의 의미예요. '손전등으로 방을 비추다' 등으로 쓰이지요. 그리고 '비치다'는 '빛을 받아 모양이 생기거나 환해지는 것'을 말해요. '비추다'와 '비치다'가 함께 오는 문장을 생각하면 쉽게 구분할 수 있어요.

🟢 예 빔 프로젝터로 벽을 <u>비추면</u> 노트북 화면이 벽에 <u>비친다</u>.

빌다 vs 빌리다

'빌다'의 의미는 함께 쓰는 말을 보면 알 수 있어요. '잘못을 빌다, 소원을 빌다'로 쓰이거든요. 이 말은 '용서를 구하다, 기도하다'의 의미랍니다. 한편 '빌리다'는 '남의 것을 돌려주기로 약속하고 얼마 동안 사용하는 것'을 의미하는데, 이 말이 들어간 말로는 '빌려 주다'와 '빌려 오다'가 있어요. 빌리는 주체가 다를 뿐, 두 단어 모두에 '빌리다'의 의미가 담겨 있다는 점을 알아 두세요.

🟢 예 달님에게 소원을 <u>빌면</u> 모두 이루어 주신대.
준이에게 게임기를 <u>빌려</u> 줬는데 아직 돌려받지 못했어.

빗다 vs 빚다

'빗다'는 머리를 빗을 때 사용하는 말이지요. 받침 'ㅅ'은 '빗다'에 모음을 연결한 '빗으면[비스면]'에서 '스'의 'ㅅ'을 앞말의 받침으로 돌려준 거예요. '빚다'는 '재료로 어떤 모양을 만드는 것'을 의미하는 단어예요. 역시 모음을 연결하여 발음해 보세요. '빚어[비저]'에서 뒷말의 첫소리 'ㅈ'을 앞말 받침으로 돌려주면 '빚다'가 된답니다.

예 수업 시간에 머리 **빗으면** 안 돼요.

다 같이 만두를 **빚어** 군만두, 찐만두, 물만두를 해 먹자.

삯 vs 싹

'삯'은 '일한 대가로 주는 돈이나 물건'을 의미하는 순우리말입니다. 요즘에는 '연봉, 월급, 일급, 시급' 등으로 삯을 주는 방식이 아주 다양해졌지요. 한편, '싹'은 '식물에서 처음 돋아나는 어린잎'을 의미해요. 또, 비유적으로 '시작의 단계'를 의미하기도 한답니다.

예 영감님이 **삯**으로 주신 감자를 심었는데, 드디어 **싹**이 났다.

새다 vs 세다

'새다'는 '물이나 가스가 틈으로 빠져나오다'라는 의미로 가장 많이 쓰여요. 또, '날이 밝아 오다'라는 의미의 '새다'도 있답니다. 한편 '세다'에는 세 가지 의미가 있어요. '힘이 세다' 할 때는 '강하다'의 의미지요. '셋을 세겠다' 할 때는 '헤아리다'의 의미예요. 나머지 하나는 '머리가 세었다'인데, 머리카락이 하얗게 변했다는 의미이지요.

예) 천장에서 새는 물과 씨름하느라 날이 샜다.
우리 반에서 힘이 제일 센 사람은 호동이야.

새우다 vs 세우다

'새우다'는 '사람이 자지 않고 밤을 보내다'라는 의미예요. 우리는 '게임하느라 밤을 샜어.'라는 표현을 자주 쓰는데, 이건 틀린 표현이에요. '게임하느라 밤을 새웠어.'라고 써야 올바르지요. '새다'는 '날이 밝아 오다'라는 의미여서 사람이 잠을 자지 않았다는 의미가 없거든요. 한편, '새우다'와 발음이 비슷한 말이 '세우다'인데, 이 말은 '서게 하다'의 의미입니다. 우리말에 '이'나 '우'가 들어가면 '○○게 하다'의 의미가 생기는데, '세우다'는 특이하게도 '이'와 '우'가 모두 들어간 말이랍니다.

예) 밤을 새워서 졸리더라도 몸은 바르게 세우고 앉아라.

섞다 vs 썩다

'섞다'는 '마구 뒤섞다' 할 때의 '섞다'이고 '썩다'는 '음식이 상하다'라는 의미예요. 두 단어에 각각 모음을 연결해 보세요. '섞은[서끈], 썩은[써근]'이 되지요. 발음을 확인하고 뒤로 넘어간 자음을 앞말의 받침으로 돌려주려면 '섞다, 썩다' 그대로 올바른 표기가 된답니다.

예) 썩은 재료를 섞어 음식을 만들다니 말도 안 돼.

손자 vs 손주

'손자, 손녀'의 '손(孫)'은 한자입니다. 아들이나 딸의 자식을 가리킬 때 '손'이라 하는 거예요. 옛날에는 '손자'라는 말로 손자, 손녀를 다 가리켰어요. 그런데 이 말이 충분하지 않았어요. '손자'하면 '자녀의 아들'이라고만 생각하게 돼서 손자, 손녀를 모두 이르는 새로운 말이 필요했어요. 그래서 그 당시 남녀 모두를 가리키는 말로 자주 쓰고 있던 '손주'라는 말을 대신 쓰게 된 거예요. 이제 '손자'는 '자녀의 아들'로만 쓰고, '손주'가 '손자, 손녀'를 모두 아우르는 말이 됐지요.

예) 우리 할머니에게는 손자 한 명, 손녀 두 명을 합하여 손주 세 명이 있다.

시키다 vs 식히다

'시키다'는 '다른 사람에게 어떤 행동을 하게 하다'라는 의미의 단어예요. '심부름 시키다'로 많이 쓰는 단어이니 어렵지 않지요. 이 단어와 발음이 똑같은 단어가 '식히다'예요. 발음이 같지만 '식히다'로 적는 이유는 이 단어가 '식다'라는 말과 관련 있기 때문이에요. '식다'는 '온도가 낮아진 것'을 의미하는 말이에요. 이 '식다'에 '-게 하다'의 의미를 주는 '히'가 붙은 말이 '식히다'예요. '식게 하다'의 의미인 거죠. 뜨거운 것을 일부러 놔두어서 온도가 내려가게 하는 거예요. '식다'의 의미가 보여야 하니까 소리 나는 대로가 아닌 '식히다'로 적는 거랍니다.

- 예) 엄마는 맨날 나만 심부름을 <u>시킨다</u>.
  지금 국을 먹으면 너무 뜨거우니까 <u>식혀서</u> 먹으렴.

싸이다 vs 쌓이다

'싸이다'와 '쌓이다'를 제대로 구분하려면 먼저 '싸다'와 '쌓다'의 의미를 알아야 합니다. '싸다'는 '보이지 않게 가리는 것'을 말해요. 그리고 이 '싸다'에 '다른 것에 의해 행동을 당하다'의 의미인 '-이'가 들어간 게 '싸이다'예요. 예를 들어 우리가 깻잎으로 고기를 쌀 때, 고기 입장을 표현한 것이 '싸이다'인 거지요. '쌓다'와 '쌓이다'의 관계도 똑같아요. '쌓다'는 '겹겹이 포개 얹어 놓다'라는 의미예요. 사람이 탑을 쌓을 때, 이것을 탑의 입장에서 보면 쌓음을 당하는 거니까 '쌓이다'가 되는 거예요.

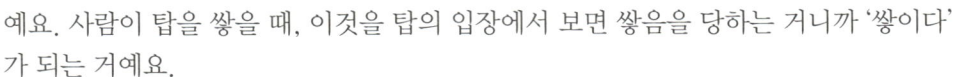

- 예) 잘 구워진 삼겹살 위에 김치, 밥, 마늘이 <u>쌓이고</u> 모두 상추에 <u>싸였어</u>.

안 vs 않-

'안 그래'를 '않 그래'라 잘못 표기하는 경우가 있어요. 우리말의 '않'은 어떤 경우에도 혼자 쓰이지 않아요. '않'이 혼자 올 수 없으니 '다'를 붙여 기본형을 만든 게 '않다'예요. '않다'는 '○○지 않다'의 모양으로 문장을 부정하는 말에 쓰여요. 중요한 것은 '않다'가 '않은, 않아서' 등 아주 다양한 모양으로 바뀐다는 거예요. 반면 '안'은 '아니'로 바뀔 뿐 모양이 변하지 않습니다. '안'은 '아니'의 준말로 서술어를 꾸며요. '-하다'를 꾸며서 부정이나 반대의 뜻을 나타낸답니다.

🟢 아까 아이스크림 먹고 싶다고 하지 <u>않았어</u>?
　　아니, 나는 그런 말 <u>안</u> 했어.

안다 vs 앉다

'안다'와 '앉다'를 혼동하는 것은 발음 때문이에요. '안다'는 '품 안에 있게 하다'라는 의미예요. 언제나 [안따]로 소리 나기 때문에 같은 발음인 '앉다[안따]'와 헷갈리는 거예요. 'ㅈ'이 [ㄴ]으로 발음되는 이유는 우리말의 받침에서는 7개의 자음만 소리 나기 때문이에요. '앉다'의 '앉'에는 받침이 둘이나 들었잖아요. 소리를 내기 위해서는 하나가 탈락해야 해요. 그래서 'ㅈ'이 없어지고 [안]으로 소리 나는 거지요. '앉다'와 '안다'에 모음을 연결해 보면 [안자], [안아]같이 소리 나기 때문에 표기를 금방 구분할 수 있어요. 한편, '안다'도 '앉다'도

아닌데 표기가 '안다'로 나타나는 경우가 있어요. '지식을 갖추다'라는 뜻인 '알다'는 'ㄴ'과 만나면 'ㄹ'이 탈락해요. '갈다', '얼다' 등 '알다'처럼 'ㄹ'을 가진 기본형이 모두 그래요. 그래서 '안다'가 된 거예요. 하지만 '품에 안다[안따]'와 달리 '사실을 안다[안다]'로 소리 나기 때문에 둘을 구분하기는 어렵지 않아요.

🟢 가고 싶은 거 알지만, 여기 <u>앉아서</u> 나를 <u>안아</u> 줘.

안치다 vs 앉히다

'안치다'는 주로 음식과 관련되어서 쓰여요. '밥, 떡, 찌개를 만들려고 재료를 넣어 불에 올리는 것'을 표현할 때 쓰는 말이에요. '밥을 안치다, 떡을 안치다, 찌개를 안치다'처럼 쓰입니다. 한편 '앉히다'에는 '앉다'의 의미가 들어서 같은 모양으로 적어 주어요. '앉다'는 스스로 앉는 것이고, '앉히다'는 '다른 사람을 앉게 하다'의 의미를 가져요. '히'가 '-게 하다'라는 의미를 갖거든요.

예 내가 막내를 무릎에 **앉히고** 놀아 주는 동안, 오빠는 밥을 **안치고** 저녁을 준비했다.

얇다 vs 엷다

'얇다'는 종이나 천의 두께를 말할 때 많이 쓰이고, '남의 말에 자꾸 흔들리다'라는 의미인 '귀가 얇다'로도 많이 쓰여요. '엷다'는 '엷은 화장, 엷은 미소'와 같은 표현으로 많이 쓰입니다. 두 단어는 '구름층이 얇다, 두께가 얇다', '구름층이 엷다, 두께가 엷다'처럼 같은 의미로 쓰이는 일이 많아서 서로 바꾸어 쓰는 경우도 있어요.

예 예리는 귀가 **얇아서** 큰일이야.
　찬형이가 가끔 짓는 **엷은** 미소가 너무 좋아.

어떡해 vs 어떻게

'어떡해'는 하나의 단어가 아니에요. '어떻게 해'의 준말이거든요. 원말에서 '게'의 'ㄱ'과 '해'를 남겨서 표기한 거예요. 반면 '어떻게'는 '어떠하게'의 준말입니다. '어떠하다'에 '게'가 붙은 한 단어예요. '어떻게, 어떻고, 어떻니, 어떻지'로 다양하게 변신하지요.

- 예) <u>어떻게</u> 네가 나한테 이럴 수 있어?
  <u>어떡해</u>. 나 준이한테 크게 잘못한 것 같아.

업다 vs 엎다

'업다'는 '등에 매어 붙어 있게 하다'의 뜻이고, '엎다'는 '뒤집어 위가 아래로 가다'의 의미예요. 이 '업다'와 '엎다'는 모두 [업따]로 소리 나지만 표기는 달라요. '아이를 업어'의 [어버]에서 뒤로 넘어간 'ㅂ'을 앞말의 받침으로 적은 것이 '업다'입니다. '엎다' 역시 모음을 연결한 '엎어'의 발음을 통해 받침 'ㅍ'을 확인할 수 있어요. [어퍼]에서 'ㅍ'을 앞말 받침으로 돌려준 표기가 '엎다'인 거죠. 기본형의 발음만이 아니라 모음을 연결한 발음도 확인해야 정확한 표기를 알 수 있어요.

- 예) 나 어렸을 때 오빠가 나를 <u>업고</u> 까불다가 밥상을 <u>엎은</u> 적이 있대.

-예요 vs -이에요

'-예요'와 '-이에요'는 짝이에요. '-이에요'의 준말이 '-예요'거든요. 받침이 있는 글자 뒤에는 '-이에요'를, 받침이 없는 글자 뒤에는 '-예요'를 쓰면 됩니다. 중요한 것은 '이에요'와 '예요' 앞에는 항상 사람이나 사물만 온다는 거예요. 그러니 '아니에요'를 '아니예요'로 잘못 쓰면 안 된답니다. '아니'는 사람이나 사물이 아니니까 항상 '아니에요'로만 써야 해요.

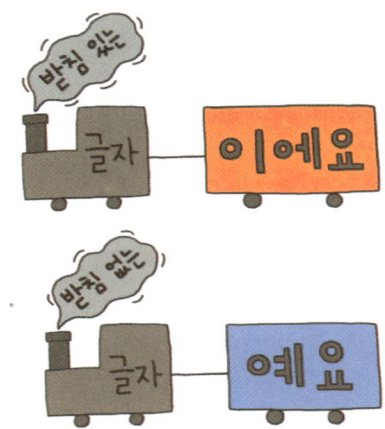

- 예 얘는 율희<u>예요</u>. 그리고 얘는 선영<u>이에요</u>. 둘은 친한 친구는 아니에요.

-오 vs -요

'오'는 항상 문장 끝에만 와요. 옛날 말투로 자주 쓰이지요. 중요한 것은 '-오'를 빼면 문장 성립이 안 된다는 거예요. '-오'가 문장을 끝내는 역할을 해서 생기는 일이에요. 반면 '요'는 듣는 사람을 높이기 위해 쓰는 말이므로 '요'를 빼면 반말이 되지만 문장은 성립돼요.

- 예 그대를 사랑하<u>오</u>.
  나는 그다지 당신이 좋지는 않아<u>요</u>.

왠지 vs 웬

'왠지'는 '왜 그런지 모르게'라는 뜻이에요. '왜인지'에서 줄어든 말이므로 '왠지'라고 써야 해요. 반면 '웬'은 '어찌 된'이라는 의미예요. 문맥상 '왜 그런지 모르게'의 의미를 가진 경우를 빼고는 모두 '웬'이라고 적으면 됩니다.

- 예 네가 나한테 말을 걸다니, <u>웬</u>일이야?
  <u>왠지</u> 오늘은 너랑 대화하고 싶었어.

웃옷 vs 윗옷

'웃옷'과 '윗옷'은 다른 말이에요. '웃옷'은 '맨 겉에 입는 옷'을 뜻하는 말이에요. '윗옷'은 '아래옷'과 반대되는 말로 '위에 입는 옷'입니다.

예 날이 추워서 두꺼운 윗옷에 웃옷까지 입었다.

유래 vs 유례

'유래'와 '유례'는 발음이 비슷해 혼동하기 쉬워요. '유래(由來)'에서의 '래'는 '왔다'라는 의미를 가져요. '어디에서 왔는지'를 말할 때 '유래'라 하는 거지요. 반면 '유례(類例)'는 '같거나 비슷한 예'라는 의미예요. '유례' 안의 한자 '례'가 '예'라는 뜻이니 '유례없다'는 '비슷한 예가 없다'로 기억하면 됩니다.

예 이 이야기의 유래는 신라 시대로 거슬러 올라간다.
　　이런 장르의 노래가 차트 1위를 한 것은 유례없는 이변이야!

이 vs 이빨

'이'는 입안에 있는 기관으로 무엇을 물거나 음식을 씹는 역할을 하는 부분이에요. '이빨'은 '이'를 낮추어서 말하는 것이에요. 그래서 주로 동물의 '이'를 가리킬 때 쓰여요. 사람의 이는 '이빨'이라고 하지 않아요.

예 악어의 이빨은 사람의 이보다 훨씬 세요.

이따가 vs 있다가

'이따가'는 '시간'과 관련된 말입니다. '조금 지난 뒤에'라는 의미지요. 이와 달리 '있다가'는 말 그대로 '어떤 장소에 머물러 있다가'라는 의미입니다. '언제'와 관련되면 '이따가'를, '어디서'와 관련되면 '있다가'를 쓴다고 생각하면 됩니다.

예 **이따가** 데리러 갈 건데, 추우니까 카페 안에 **있다가** 전화하면 나와.

이루다 vs 이르다

'이루다'는 '어떤 결과를 만들어 내는 것'을 뜻하는 말이에요. '꿈을 이루다'처럼요. '이르다'는 좀 복잡해요. 의미가 세 개나 있거든요. '무엇인가를 말하다'의 의미로 쓰이는 '이르다'가 있고요, '시간이 빠르다'라는 의미를 갖는 '이르다'도 있지요. 마지막으로 '시간이나 장소에 닿다'라는 뜻의 '이르다'가 있어요. 함께 쓰는 말로 구분하면 돼요.

예 작은 시냇물이 모여 바다를 **이루고** 있어요.

　　선생님께서는 소풍 전 우리에게 주의 사항을 **일러** 주셨다.
　　　　　　　　　　　　　　　　　　　(= 무엇인가를 말하다)

　　새벽 6시요? 그렇게 **이른** 시간에는 일어날 수 없어요.
　　　　　　　　(= 시간이 빠르다)

　　산 정상에 **이르면** '야호'라고 외칠 거예요.
　　　　　　(= 시간이나 장소에 닿다)

익다 vs 읽다

'익다'의 여러 가지 의미는 함께 쓰이는 말로 익히면 돼요.

| 곡식이 익다 | 음식이 익다 | 눈에 익다 |

한편, '독서'의 의미를 갖는 '읽다'의 표기는 뒤에 모음을 연결한 소리로 확인할 수 있어요. '읽어[일거]'에서 뒤로 넘어간 'ㄱ'을 앞말의 받침으로 돌려주어야겠지요. 그래서 '읽다'로 적는 거예요.

예 현아는 모든 글자가 눈에 **익을** 때까지 책을 **읽고** 또 **읽었다**.

잃다 vs 잊다

'잃다'는 '원래 있었던 것이 없어진 것'을 말해요. '가방을 잃다, 지갑을 잃다' 등으로 쓰이지요. 반면 '잊다'는 기억과 관련된 말이에요. '생각해 내지 못하다'라는 뜻이지요. '약속을 잊다, 이름을 잊다' 등으로 쓰입니다.

예 올해 지갑 **잃어버린 게** 벌써 두 번째야.
　　다음 주 수요일 8시 본방 사수 **잊지 마**.

자갈 vs 재갈

'자갈'은 강가에서 발견되는 반들반들한 작은 돌이에요. 아주 오랜 세월 물에 씻겨 생긴 돌이지요. '재갈'은 입에다 씌워서 소리 내지 못하도록 하는 물건을 말해요. 또한 동물 '말'을 잘 조련하기 위해 입에 씌우는 것도 '재갈'이라고 하지요.

예 예쁜 **자갈** 한 개씩 찾아오는 게 숙제다.
  말이 안정을 되찾았으니까 **재갈**을 풀어 주세요.

작다 vs 적다

'작다'와 '적다'는 반대말로 구분하면 쉽답니다. '작다'는 '크다'의 반대말이에요. 크기에 대해 말할 때 사용하는 단어지요. '적다'의 반대말은 '많다'예요. 주로 양을 표현할 때 사용하는 말이랍니다.

예 작년에 산 신발이 **작아져서** 동생에게 줬어.
  역시 아이템이 **적으니까** 게임이 재미없네.

-장이 vs -쟁이

어떤 말에 '-장이'를 붙이면 '어떤 기술을 가진 사람'이라는 뜻이 생겨요. 예를 들어 '칠'을 전문적으로 하는 사람은 '칠장이'라 하는 거지요. '-쟁이'에는 '기술'의 의미가 없어요. 그냥 '어떤 속성을 가진 사람'이라는 의미지요.

예 저 **대장장이**는 진짜 **고집쟁이**야.

아직도 옛날 방식을 사용하네

저 대장장이 진짜 고집쟁이야

저리다 vs 절이다

'저리다'는 몸의 감각이 둔하고 아리거나 아플 때 쓰는 말이에요. '손이 저려요, 발이 저려요'처럼 쓰이지요. 이 말을 '절이다'로 잘못 쓰면 안 됩니다. 뜻이 전혀 다른 말이거든요. '절이다'는 '소금이나 식초, 설탕 등이 배어들게 하다'라는 의미예요. 주로 '배추를 절이다'처럼 쓰이지요.

예 무릎을 꿇고 앉아 배추를 절였더니 다리가 너무 저려요.

전통 vs 정통

'전통'은 '예로부터 내려오는 양식'이라는 의미예요. '전통문화', '전통놀이' 등으로 쓰이는 말이지요. '정통'은 '가장 올바른 계통'이라는 의미라서 '전통'과는 조금 다르게 쓰입니다. 예를 들어 '정통 서양 양식'은 '여러 가지 서양 양식 중에서 가장 정식인 것'이라는 의미예요. 또, '정통'은 '정통으로 맞았다'처럼 '똑바로'의 의미로 쓰이기도 한답니다.

예 한국의 전통 의상은 한복이다.
　　이게 바로 중국 정통 요리야.
　　동호는 축구공에 머리를 정통으로 맞고 쓰러졌다.

젓 vs 젖

'젓'은 '소금에 절여서 삭힌 음식'을 말해요. 재료에 따라 '새우젓, 명란젓, 낙지젓' 등 다양하지요. 이 '젓'에 모음 '을'을 연결하면 '젓을[저슬]'로 소리 나요. 이때 뒷말의 첫소리인 'ㅅ'을 앞말에 돌려주면 '젓'이 됩니다. 반면 '젖'은 '사람이나 동물의 어린것이 먹는 액체로 된 음식'이에요. 똑같이 모음 '을'을 연결하면 '젖을[저즐]'로 소리 나기 때문에 앞말에 'ㅈ'을 돌려주어서 '젖'이라 적는 것이랍니다.

🟢 예 내가 가장 좋아하는 <u>젓</u>은 <u>낙지젓</u>이야.
　　고양이도 강아지도 모두 엄마 <u>젖</u>을 먹고 자라요.

젓다 vs 젖다

'젓다'는 '무엇인가를 섞기 위해 이리저리 움직이는 행동'을 말해요. 이 말은 모음을 만나면 '저어, 저어서'처럼 'ㅅ'이 없어진답니다. 한편 '젖다'는 '물에 축축하게 되는 것'을 의미하는 말이에요. '비에 젖은' 할 때 '젖은'은 [저즌]으로 소리 나니까 'ㅈ'을 앞말의 받침으로 돌려준 표기가 '젖다'예요.

🟢 예 쿠키를 만들 때 설탕과 반죽이 골고루 섞이도록 잘 <u>저어</u> 주어야 해요. 그리고 반죽이 물에 <u>젖지</u> 않도록 주의해야 해요.

조리다 vs 졸이다

'조리다'는 '양념이 재료에 배어들게 하는 것'을 의미해요. 반면 '졸이다'는 '찌개나 국의 국물을 줄게 하는 것'을 이르는 말입니다. 또 '졸이다'는 '불안하고 초조한 마음 상태'를 가리킬 때에도 쓰입니다.

예) 간장과 콜라로 닭을 조리는 '간장 콜라 닭' 요리를 만들 거야.
　　지금은 요리에 물이 너무 많아. 조금 더 졸여야 해.

조정 vs 조종

'조정'과 '조종'을 구분하려면 '조종사'를 생각하세요. '조종사'는 '비행기를 뜻대로 움직이는 사람'이잖아요. '조종'에는 '기계나 사람 등을 뜻대로 움직인다'라는 의미가 있어서 그런 거예요. '조정'은 '어떤 기준에 맞게 정돈하거나 다듬다'라는 의미로 쓰이거나 '화해나 합의를 하도록 하다'라는 뜻으로 쓰여요.

예) 어느 반이 먼저 급식을 먹을 건지 매달 조정하는 건 중요해.
　　멋대로 드론을 조종하면 안 돼.

좇다 vs 쫓다

'좇다'와 '쫓다'를 제대로 사용하려면 앞에 나오는 '무엇을'에 해당하는 말을 보면 됩니다. '좇다'와 함께 쓰는 말은 '목표, 이상, 행복, 꿈, 희망'과 같은 단어예요. 이 말들의 공통점은 직접 손으로 만질 수 없다는 거예요. '좇다'와 비슷한 말인 '추구하다'를 함께 생각하면 쉽습니다. 이와 달리 '쫓다'와 함께 놓이는 말들은 물리적으로 실재해요. 이 '쫓다'는 '붙잡다, 체포하다'와 비슷하게 쓰이거나 '몰아내다'의 의미와 관련됩니다. 그렇기 때문에 '도둑, 벌레, 강도, 적'과 같이 실재하는 단어들과 함께 쓰이는 거지요.

🟢 예 우리 오빠는 꿈을 <u>좇아</u> 경찰이 되었다. 그래서 지금은 나쁜 사람들을 <u>쫓는다</u>.

주체 vs 주최

주체는 '어떤 행동의 중심이 되는 것'을 의미하는 말입니다. 우리는 남에 의해 어떤 행동을 하는 것이 아니라 스스로 주인이 되어서 행동해야 해요. 이런 것을 '주체적'이라고 말하는 거죠. '주최'는 어떤 행사나 모임을 여는 데 중심적으로 행동하는 것을 말해요. 그래서 '행사를 주최했다'는 '중심이 되어서 행사를 열었다'라는 의미가 된답니다.

🟢 예 <u>주체적인</u> 사람이 되기 위해서는 나 자신을 잘 알아야 한다.
이번 축제는 학생회 <u>주최로</u> 열린 것이다.

집다 vs 짚다

'집다'는 '손가락이나 발가락으로 물건을 잡아서 드는 행동'을 가리키는 말이에요. '집다'에 모음을 연결해 '집어'가 되면 [지버]로 소리 납니다. 뒷말의 첫소리인 'ㅂ'을 앞말 받침으로 돌려주어 '집다'가 되는 거예요. 한편 '짚다'는 '벽이나 지팡이 등에 몸을 의지하는 행동'을 말하지요. '짚다'의 경우 모음을 연결해 '짚어'가 되면 [지퍼]로 소리 나요. 'ㅍ'을 앞말 받침으로 돌려주어 '짚다'로 적는 거랍니다.

예 젓가락으로 콩을 **집는** 것은 어렵다.
　　할아버지는 걸으실 때 항상 지팡이를 **짚으신다**.

짓다 vs 짖다

'짓다'는 '만들다'라는 의미입니다. '집을 짓다, 약을 짓다, 시를 짓다, 미소를 짓다' 등으로 쓰인답니다. '짖다'는 동물이 소리 내는 것을 표현할 때 쓰는 말이에요. 개, 늑대, 까마귀, 까치가 우는 것을 '짖다'라고 표현하지요. '짖다'의 경우 모음을 연결해 '짖어'가 되면 [지저]로 소리 나기 때문에 'ㅈ'을 앞말 받침으로 돌려주어서 '짖다'로 적는 거예요.

예 20년 후에는 나만의 집을 **짓고** 싶어요.
　　우리 강아지 쫑이는 모르는 사람이 오면 컹컹 **짖어요**.

찢다 vs 찧다

'찢다'는 어떤 물건을 갈라지게 하는 거예요. 모음을 연결한 '찢어[찌저]'의 발음을 보고 '찢다'의 표기를 확인할 수 있어요. 이 '찢다'를 '내리치다'라는 의미의 '찧다'와 구별하려면 '찧다[찌타]'의 발음을 기억해야 해요. [찌타]의 'ㅌ'은 'ㅎ + ㄷ'이거든요. 따라서 '다'의 앞말에 'ㅎ'을 받침으로 적는 거예요.

예 북어는 방망이로 **찧은** 후에 **찢어야** 부드러워요.

차마 vs 참아

'차마'와 '참아'는 둘 다 표준어입니다. 하지만 상황에 따라 적절히 사용해야 올바른 말이 됩니다. '참아'의 기본형인 '참다'는 '인내하고 견디다'라는 의미의 말이에요. 이 말은 '참고, 참아, 참으니, 참아서, 참을수록, 참으면, 참으니까' 등 아주 다양한 모습으로 변신하지요. 반면 '차마'는 '부끄럽거나 안타까워서 감히'라는 뜻의 부사로, 언제나 '차마'라는 모습으로 다른 말을 꾸미는 역할만 한답니다.

예 언니의 부탁이라서 **차마** 거절하지 못했어.
　　네가 딱 한 번만 **참아라**.

채 vs 체

'채'는 '그 상태를 그대로 유지한다'라는 의미예요. 반면 '체'는 '그런 척 꾸미는 모양'이에요. 사실은 안 그렇지만 그런 척 하는 거요. 발음은 비슷하지만 뜻은 전혀 다르지요? '상태 = 채', '척 = 체'로 기억하면 편해요.

예 엄마가 온 것을 모르는 **체** 한 **채**로 게임을 했다.

출연 vs 출현

'출연'과 '출현'은 모두 '등장하다'라는 의미를 가져요. 그런데 우리는 '출현'이라는 말을 더 많이 써요. 사람이든 사물이든 '나타났다'라는 의미를 표현할 때는 모두 '출현'을 쓰지요. 반면 '출연'은 연기나 무대와 관련해서만 쓰인답니다. '영화 출연, 연극 출연' 등으로만 쓰는 거예요.

예) 그 배우는 좀비가 <u>출현</u>하는 영화 시리즈의 주인공으로 <u>출연</u>해.

펴다 vs 피다

'펴다'는 '접힌 것을 열다'라는 의미의 말이지요. '책을 펴다, 주름을 펴다, 날개를 펴다'처럼 아주 많이 쓰이는 말이에요. 그런데 이 말을 '책을 피다, 주름을 피다, 날개를 피다'로 잘못 쓰는 일이 많아요. '피다'는 '꽃이 피다' 할 때 쓰는 말이에요. 이 '피다'가 '피어, 피어서'로 쓰일 때 '펴, 펴서'로 줄여 적는 경우가 많아요. 그러면 '펴다'에 '어, 어서'를 붙인 것과 모양이 같아지기 때문에 혼동되는 거지만, 잘못 쓰지 않도록 해요.

예) 구겨진 편지를 <u>펴서</u> 읽어 봤다.
길을 따라 진달래가 아름답게 <u>피었다</u>.

한참 vs 한창

'한참'과 '한창'은 둘 다 '시간'과 관련됩니다. '한참'은 '시간이 상당히 지나는 동안'이라는 의미입니다. 여기서 '상당히'가 '오래'라는 의미인 것에 주목하세요. 반면 '한창'은 '무엇인가가 가장 활기 있게 일어나는 때'를 가리키지요. '꽃이 한창이다' 하면 이 문장은 '꽃이 가장 예쁘게 많이 피고 있다'라는 의미예요. 사람이 젊고 건강한 시기일 때 '한창'이라는 말을 쓰기도 한답니다.

예) 병원에 사람이 많아서 <u>한참</u>을 기다렸다.
엄마는 늘 본인이 <u>한창</u> 땐 예뻤다고 말한다.

해치다 vs 헤치다

'해치다'는 '손상을 입히거나 망가지게 하다'라는 의미입니다. '사람을 해치다, 질서를 해치다'처럼 쓰이는 말이지요. 반면에 '헤치다'는 '가로막은 것을 물리치다'라는 의미로 쓰이는 말이에요.

예) 건강을 <u>해치는</u> 음식을 덜 먹으려 노력해야 한다.
　　 우리는 인파를 <u>헤치고</u> 목적지에 도착했다.

햇볕 vs 햇빛

'햇볕'과 '햇빛'은 모두 '해'와 관련된 말이지만 뜻은 조금 다릅니다. '햇볕'은 온도와 관련된 말입니다. '해에서 생기는 따뜻한 기운'을 의미하지요. 한편 '햇빛'은 '해의 빛'이라는 의미예요. 눈으로 볼 수 있는 '해에서 나오는 빛'을 가리킬 때 쓰지요.

예) <u>햇빛</u>에 눈이 부시고, <u>햇볕</u>에 몸이 따스하다.

혼돈 vs 혼동

'혼돈'과 '혼동'에는 모두 '뒤섞여 있다'라는 의미가 들었어요. '혼돈'은 '마구 뒤섞여 있어 갈피를 잡을 수 없는 상태 자체'를 가리키는 말이에요. '혼동'은 '생각'과 관련된다는 점이 '혼돈'과 달라요. '구별하지 못하고 뒤섞어서 생각한다'라는 의미거든요. 상태를 가리킬 때는 '혼돈', 우리의 생각을 말할 때는 '혼동'으로 구분하여 쓰세요.

예 <u>혼돈</u> 속에서도 자신이 할 일은 <u>혼동</u>하지 말아야 한다.

띄어쓰기로 바른 뜻을 전해요

맞춤법 퀴즈

한국인이 실수하는 띄어쓰기! 나는 알고 있을까?

1. (너만큼/너 만큼) 많이 먹는 사람 처음 봐!

2. 우리 반 인원은 총 20명이야.
   (그중/그 중) 제일 키가 큰 사람은 장훈이야.

3. 민호는 노래를 잘하지도 않고 (못하지/못 하지)도 않는다.

4. 사탕을 (세 개/세개) 사서 친구들하고 나눠 먹었어.

5. 실수로 선생님이 아끼는 화분을 깨다니 (큰 일/큰일)이다.

정답

1 (**너만큼**/너 만큼) 많이 먹는 사람 처음 봐!

2 우리 반 인원은 총 20명이야.
(**그중**/그 중) 제일 키가 큰 사람은 장훈이야.

3 민호는 노래를 잘하지도 않고 (**못하지**/못 하지)도 않는다.

4 사탕을 (**세 개**/세개) 사서 친구들하고 나눠 먹었어.

5 실수로 선생님이 아끼는 화분을 깨다니 (큰 일/**큰일**)이다.

띄어쓰기를 잘하고 싶다면 **단어**와 **조사**, 이 두 가지만 기억하면 돼요.
우리말을 띄어 쓰는 원칙은 단 두 가지랍니다.

① <u>각 단어는 띄어 씀을 원칙으로 한다.</u> ★
② <u>조사는 앞말에 붙여 쓴다.</u> ★

'단어'는 띄어 쓰고, '조사'는 앞말에 붙여 쓰는 거예요.
이 두 가지를 기억하면서 우리말의 띄어쓰기를 익혀야 한답니다.

가/이

우리말 문장에는 '행동'과 '그 행동을 하는 주체'가 포함되어 있어야 해요. 우리는 이 행동의 주체를 '주어'라고 하지요. 그리고 어떤 단어를 '주어'로 만드는 조사의 이름을 '주격 조사'라고 합니다. '주어의 자격을 주는 조사'라는 뜻이죠. '가'와 '이'는 대표적인 '주격 조사'예요. '가'는 '우리가'처럼 앞말에 받침이 없을 때 쓰고, 앞말에 받침이 있을 때는 '이'를 써요. '사람이'처럼요. 조사는 앞말에 붙여 쓰는 것이 원칙이므로 '가/이'는 모두 앞말에 붙여 씁니다.

🔵 예 우리<u>가</u> 학교에 갈 때, 동생 소율이는 유치원에 간다.
　　직장인이 된 형<u>이</u> 용돈을 주었다.

간

✅ 띄어 쓰는 '간'

무엇과 무엇의 사이를 가리키는 '간'은 띄어 써야 합니다. 예를 들어 '나라와 나라 사이'를 말할 때는 '나라와 나라 간'이라 써야 하는 거예요. 무엇과 무엇의 관계를 의미하는 '간' 역시 마찬가지입니다. '부모와 자식의 관계에'는 '부모와 자식 간에'처럼 띄어 써야 하는 거지요. 단, '모자간, 부녀간, 부부간'은 붙여 씁니다. 많이 사용되어 하나의 단어가 된 경우거든요.

예) 친구 간에도 하지 말아야 할 말이 있어.

🔗 붙여 쓰는 '간'

'동안'의 뜻을 가진 '-간'은 언제나 앞말에 붙여 써야 합니다. '이틀간, 한 달간, 삼십 일간'처럼요.

예) 시험이 내일모레라서 이틀간 열심히 공부해야 해.

같이

✅ 띄어 쓰는 '같이'

'함께'라는 의미로 쓰이는 '같이'는 앞말과 띄어 써야 해요.

예) 오늘 학교 끝나고 같이 놀래?

🔗 붙여 쓰는 '같이'

'-처럼'이라는 의미로 해석되는 '같이'는 앞말에 붙여 써야 해요. 이 경우 조사로 쓰이기 때문이에요. 붙여 쓰는 '같이'의 앞말에는 사람이나 사물이 놓인답니다.

예) 나는 우리 엄마같이 멋진 사람이 될 거야.

개

'한 개', '두 개' 할 때의 '개'는 물건을 세는 하나의 단어로, 띄어 써야 해요. 다만, '1, 2, 3'과 같이 아라비아 숫자가 앞에 올 때는 앞말에 붙여 써야 해요. '3개, 4개'처럼요.

🔵 예 별을 한 개 두 개 다 세려면 얼마나 오래 걸릴까?

거야

'거야'는 '것이야'의 준말이에요. 우리가 말할 때 주로 쓰는 말이지요. '것'은 하나의 단어로 항상 앞말과 띄어 써요. 따라서 그 준말인 '거야'도 앞말과 띄어 써야 한답니다.

🔵 예 오늘부터 우리 1일인 거야?

걸

✅ 띄어 쓰는 '걸'

'걸'이 '것을'의 준말로 쓰일 때는 앞말과 띄어 써야 해요. '것'은 '사물이나 일'을 가리키는 하나의 단어니까요.

예) 내일 학교에 가져갈 걸 미리 챙기는 중이야.

🔗 붙여 쓰는 '걸'

'-ㄴ걸, -ㄹ걸'로 쓰일 때는 붙여 써요. '있을 때 잘할걸', '대단한걸!'처럼요. 이 말은 '후회나 감탄'의 의미를 갖는데, 항상 문장의 끝에 와요.

예) 어제 늦게까지 놀지 말고 그냥 잘걸 그랬어. 너무 후회돼.

것

'것'은 '일이나 사물'을 가리키는 단어예요. 하나의 단어이니 항상 앞말과 띄어 써야 하겠지요. 말로 할 때는 '것'이 '거'로 줄어들어 '거야, 걸, 건'처럼 쓰이는 일이 많아요. 줄어들어도 띄어쓰기의 원리는 같다는 점을 기억해 두세요.

예) 우희가 말도 없이 집에 간 것을 이해할 수 없어.

겸

'겸'은 둘 이상의 사물이나 동작 사이에 쓰여 '무엇인가를 함께하다'라는 의미를 가져요. 앞뒤에 연결된 말을 이어 주는 말이지요. 이때 '겸'은 앞말에 속하지도, 뒷말에 속하지도 않아요. 그래서 언제나 띄어 써야 해요.

예) 저 사람은 배우 겸 가수래요. 원래 아이돌로 활동하다가 얼마 전 연기도 시작했대요.

그중

원래 '중'은 앞말과 띄어 쓰는 말이에요. '너희 중에'처럼요. 하지만 '범위가 정해진 여럿 가운데'라는 의미를 가진 '그중'은 붙여 쓴답니다. '그'와 '중'이 합쳐져서 아주 많이 쓰이다 보니 하나의 단어가 되었거든요. 하나의 단어는 붙여 써야 한답니다.

🔵 레고 종류는 아주 많지만 <u>그중</u> 이게 제일 사고 싶어요.

내지

'내지'는 '또는'이라는 말이에요. '또는'은 앞말과 띄어 쓰잖아요. 뜻이 같은 '내지' 역시 앞말과 띄어 써야 합니다. 이 '내지'는 앞말과 뒷말을 공평하게 이어 주기 때문에 띄어 쓰는 거예요.

🔵 오늘 <u>내지</u> 내일, 언니의 대학 합격 발표가 나온대.

대

✅ 띄어 쓰는 '대'

무엇인가를 세는 단위는 앞말과 띄어 써야 해요. 따라서 우리가 '차, 기계, 악기'를 셀 때 쓰는 '대'도 항상 띄어 쓰지요. 한편, 경기의 점수를 말할 때도 '일 대 이'처럼 띄어 씁니다. 여기서의 '대'는 앞말과 뒷말의 대조를 보이는 말로 앞이나 뒤 어디에도 속하지 않거든요. 그러니 앞말에 붙여 쓰지 않아요.

> 예) 집 앞에 못 보던 차가 <u>한 대</u> 서 있다.
> 오늘 1반과의 축구 경기에서 <u>이 대 삼</u>으로 아깝게 졌다.

🔗 붙여 쓰는 '대'

'양쪽이 같은 비율'이라는 의미를 가지는 '일대일'은 붙여 써요. 이 경우는 '일 + 대 + 일'이 합쳐져서 새로운 의미의 한 단어가 된 것이므로 붙여 쓰는 거예요.

> 예) 우유와 초코 가루를 <u>일대일</u>로 섞어야 맛있는 초코 우유가 돼요.

대로

✅ 띄어 쓰는 '대로'

'하던 대로'처럼 앞에 동사나 형용사가 와서 이를 꾸미는 말로 쓰이는 '대로'의 경우 띄어 씁니다.

예) 말하는 **대로** 모든 게 이뤄지면 좋겠다.

🔺 붙여 쓰는 '대로'

'마음대로'처럼 사물이나 사람이 앞에 놓이는 '대로'는 조사이므로 앞말에 붙여 써야 합니다.

예) 나는 남 눈치 보지 않고 나**대로** 살 거야.

데

'데'의 띄어쓰기가 혼동된다면 '장소, 일, 경우'로 바꿔 보세요. 바꿔서 말이 되는 경우에는 띄어 씁니다.

예) 내일 우리 모이기로 한 **데**가 어디였지?

동안

'동안'은 시간의 거리를 나타내는 단어예요. 한 단어이니 당연히 앞말과 띄어 써야 해요. 그래서 시간을 나타내는 앞말과 띄어서 '이틀 동안, 사흘 동안'처럼 쓴답니다. 다만, '오랫동안, 한동안, 그동안'은 앞말과 합쳐져서 하나의 단어가 된 경우예요. 한 덩어리가 되어 붙여 쓰는 것들이니 기억해 두세요.

예) 가족들과 일주일 **동안** 대만 여행을 갈 거예요.

등

'등' 앞에는 언제나 두 개 이상의 대상이 놓여요. '앞에 오는 대상 이외에도 다른 것이 있다는 것'을 나타낼 때 쓰이지요. 여기서 '등'은 바로 앞에 놓이는 단어와만 관련된 것이 아니에요. 앞에 놓인 모든 것들과 동등하게 연결된답니다. 그러니 바로 앞말에 붙여 쓸 수 없는 거예요.

🔵 소풍을 갈 때는 돗자리, 도시락 등을 꼭 챙겨야 해.

를/을

단어를 목적어로 만드는 조사의 이름은 '목적격 조사'입니다. '목적어의 자격을 주는 조사'라는 뜻이죠. '를'은 대표적인 목적격 조사예요. 앞말에 받침이 없을 때 쓰지요. 앞말에 받침이 있으면 '을'을 써요. 조사는 앞말에 붙여 쓰는 것이 원칙이므로 '를/을'도 반드시 붙여 쓴답니다.

🔵 오늘 게임기를 샀으니까 내일 게임팩을 사면 완벽해.

만

✅ 띄어 쓰는 '만'

'만'이 의존 명사로 쓰이면 앞말과 띄어 써요. 이때 '만'은 다음과 같은 뜻을 가져요.

① 앞말이 뜻하는 동작이나 행동에 타당한 이유가 있다

- 예) 10시간 동안 연락이 안 되다니, 네가 화날 <u>만</u>하다.

② 꽉 채워서 세다

- 예) 승조는 올해 <u>만</u> 열 살이다.

③ 앞말이 가리키는 동안이나 거리

- 예) 민하는 하루 <u>만</u>에 짝사랑을 접었다.

🔗 붙여 쓰는 '만'

'만'이 조사로 쓰일 때는 앞말에 붙여 써요. 이때의 '만'은 '제한'의 의미를 가져요.

- 예) TV는 한 시간<u>만</u> 봐야 해.

만큼

✅ 띄어 쓰는 '만큼'

'예쁜 만큼'처럼 앞에 동사나 형용사가 와서 이를 꾸미는 말로 쓰이면 띄어 씁니다.

- 예) 네가 열심히 운동하는 <u>만큼</u> 점점 건강해질 거야.

🔗 붙여 쓰는 '만큼'

'나만큼, 너만큼'처럼 사물이나 사람 뒤에 오는 '만큼'은 '조사'이므로 붙여 써야 해요.

- 예) 너<u>만큼</u> 착한 사람은 없을 거야.

못하다

붙여 쓰는 '못하다'는 '잘하다'의 반대말이에요. 반면 띄어 쓰는 '못 하다'는 그 일을 하지 못한 것을 말한답니다. 다만, '못 하다'와 같은 말인 '~지 못하다'일 때의 '못하다'는 언제나 붙여 써야 해요.

🔵 수아는 차례가 안 와서 아직 노래를 **못 했어**.

　수호는 심사 위원들 앞에서 너무 긴장해서 평소보다 노래를 **못했어**.

및

'및'은 '그리고, 또'의 의미예요. 단어들 사이에서 앞말과 뒷말을 똑같이 이어 주는 역할을 하지요. 앞뒤 어디에도 속하는 것이 아니니 띄어 써야 해요.

🔵 1차 오디션은 온라인 지원 **및** 현장 접수를 통해 진행합니다.

밖에

✅ 띄어 쓰는 '밖에'

'안에'의 반대말로 쓰이는 '밖에'는 앞말과 띄어 써요.

📘 예 눈이 많이 오니까 **밖에** 나가지 마.

🔗 붙여 쓰는 '밖에'

'이외에는'이나 '말고는'이라는 의미를 갖는 '밖에'는 조사이므로 붙여 써야 해요.

📘 예 오뎅이 너무 먹고 싶은데 지갑에 삼백 원**밖에** 없어.

뿐

✅ 띄어 쓰는 '뿐'

앞에 동사나 형용사가 와서 이를 꾸미는 말로 쓰이면 띄어 써요. 이때는 '다만 그렇게 하다'의 의미를 갖습니다.

📘 예 모두 어색한지 웃기만 할 **뿐** 아무 말도 하지 않았다.

🔗 붙여 쓰는 '뿐'

사물이나 사람이 앞에 놓이는 '뿐'은 붙여 써야 해요. '오직'이라는 의미의 조사입니다.

📘 예 역시 날 생각해 주는 사람은 너**뿐**이야.

시

'어떤 일이 일어날 때'를 의미하는 '시'는 앞말과 띄어 써야 합니다. '때'를 말하는 한자어 '시(時)'거든요. 다만, '긴급한 일이 일어난 때'를 가리키는 '비상시(非常時)'의 경우 우리가 아주 많이 사용하여 하나의 새로운 단어가 되었기 때문에 언제나 붙여 씁니다.

예 부재 시 택배는 현관문 앞에 놓고 가 주세요.

씨

☑ **띄어 쓰는 '씨'**

이름 뒤에 '씨'를 붙여서 부르는 경우 언제나 띄어 써야 합니다.

예 수현 씨, 왜 그렇게 잘생겼어요?

⌒ **붙여 쓰는 '씨'**

'씨'는 원래 우리의 이름 앞에 놓이는 성을 가리킵니다. '김씨, 박씨'처럼요. 그 성을 그대로 가리킬 때는 앞의 성과 함께 붙여 쓴답니다.

예 저 '수현'이라는 남자는 분명 '김씨'일 것이다.

이/그/저

우리말의 '이, 그, 저'는 모두 어떠한 대상을 가리킬 때 쓰는 말로 뒤의 말과 띄어 써야 하는 단어입니다. 사람이나 사물 앞에 모두 놓일 수 있어요.

예 이 사람, 그 사람, 저 사람 할 것 없이 모두가 한통속이야.

> **더 알아보기**
>
> '이것/그것/저것'은 '이/그/저'에 '것'이 붙어서 만들어진 **하나의 단어**예요.
> 따라서 언제나 붙여 씁니다.
> '이곳, 그곳, 저곳, 이때, 그때'도 같은 **원리**로 만들어진 **한 단어**이니 붙여 쓰면 됩니다.
> 단, '저 때'는 한 단어가 아니므로 띄어 써야 해요.

이다

'서술어'는 문장 안에서 주어의 움직임이나 상태, 성질 등을 나타내는 말이에요. 어떤 단어를 서술어로 만들고 싶다면 뒤에 '이다'를 붙이면 됩니다. '이다'는 조사이며, '서술어의 자격을 주다'라는 뜻으로 이름이 '서술격 조사'입니다. 이 '이다'가 '이니, 이고, 이어서, 이면'으로 바뀐다는 것도 알아 두세요.

예 나의 보물 1호는 펭귄 인형이다.

중

'중'은 '여럿의 가운데'를 뜻합니다. 한자어인 '가운데 중(中)'으로 앞말과 띄어 써야 하는 말이지요. 단, '그중, 한밤중'과 같은 말은 앞말에 붙여 써야 합니다. '중'과 합쳐져서 새로운 한 단어가 된 말이기 때문이에요.

예 장훈이는 학생들 중에서 키가 제일 크다.

지

시간의 의미를 가진 '지'는 앞말과 띄어 써야 합니다. 이 '지'는 '어떤 일이 있었던 때로부터 지금까지'를 가리키는 의존 명사랍니다.

예 라희와 교환 일기를 쓴 지 일주일이 넘었다.

큰일

'큰일'은 '큰'과 '일'이 합쳐진 것이지만 언제나 붙여 씁니다. 이 말이 아주 많이 쓰이다 보니 굳어져서 하나의 새로운 단어가 되었기 때문입니다. 오늘날 '큰일'은 '힘이 많이 들어간 일'뿐만 아니라 '중대한 일'이라는 의미도 갖는답니다.

예 누나가 그렇게 화를 내다니 큰일 났다.

큰 형/큰형

✅ 띄어 쓰는 '큰 형'

'큰'과 '형'이 각각의 의미를 가지면 띄어 씁니다. '키 혹은 몸집 등이 큰 형'의 의미로 쓰이는 경우예요.

📘 나는 늘 키가 **큰 형**이 부럽다.

🔗 붙여 쓰는 '큰형'

'큰형'은 형이 여럿일 때 나이가 가장 많은 형을 가리킵니다. 나이순으로 정한 것이기 때문에 이 단어 안의 '크다'는 '몸집'이나 '키'가 크다는 것을 가리키지 않아요.

📘 우리 **큰형**은 19살이야.

터

'터'는 자리나 장소를 의미하는 명사입니다. 당연히 띄어 쓰는 말이지요. 단, '터'가 다른 말과 합쳐진 '놀이터, 낚시터, 일터'와 같은 말은 항상 붙여 써야 해요. 이전 단어와는 다른 새로운 한 단어가 되었기 때문이에요. 한편, 장소의 의미가 아니어도 항상 띄어 써야 하는 '터'가 있어요. '미래에 무엇을 할 것'이라고 말하거나 추측할 때 주로 쓰는 말이에요. 이 '터'는 '예정, 추측, 의지'를 나타내는 의존 명사랍니다. '할 테야, 갈 테야, 할 텐데, 갈 텐데'처럼 앞에 항상 '-ㄹ'이 온다는 점도 기억해 주세요.

예) 여기가 우리 조상들이 살던 <u>터</u>래요.
　　오늘은 꼭 줄넘기 1000개를 <u>할 테야</u>.
　　내일 비가 오지 않으면 놀이공원에 <u>갈 텐데</u>, 하루 종일 비가 온대.

한 번/한번

✅ 띄어 쓰는 '한 번'

'한'과 '번'이 각각의 의미를 가지면 띄어 써야 합니다. '한'에 진짜로 '하나'의 의미가 분명한 경우이지요. '두 번, 세 번'과 짝을 이루어서 숫자를 가리키는 경우가 대부분입니다.

예) 나는 <u>한 번</u>도 번지 점프를 해 본 적 없어.

붙여 쓰는 '한번'

'한번'은 새로운 의미를 가진 하나의 단어입니다. '기회'나 '시도'를 의미할 때 주로 쓰입니다. 이 경우에는 '한'에 들어 있는 숫자의 의미가 중요하지 않습니다.

예) 여기까지 왔는데 번지 점프 <u>한번</u> 해 볼래?

찾아보기

1장

ㄱ~ㄹ

가게(○) 가개(×)	14
가려고(○) 갈려고(×)	14
가르다(○) 갈르다(×)	15
가만히(○) 가만이(×)	15
간질이다(○) 간지르다(×) 간질르다(×)	16
강낭콩(○) 강남콩(×)	16
같아(○) 같애(×)	16
개구쟁이(○) 개구장이(×)	17
개수(○) 갯수(×)	17
거야(○) 꺼야(×)	18
거의(○) 거이(×)	18
건더기(○) 건데기(×)	18
–게(○) –께(×)	19
게시판(○) 개시판(×) 계시판(×)	19
겨우내(○) 겨울내(×)	20
고랭지(○) 고냉지(×)	20
고마워(○) 고마와(×)	21
–고요(○) –구요(×)	21
곱빼기(○) 곱배기(×)	22
과녁(○) 과녘(×)	22
구웠습니다(○) 구었습니다(×)	22
굳이(○) 구지(×)	23
귓속(○) 귀속(×)	23
그러고 나서(○) 그리고 나서(×)	24
그릇째(○) 그릇채(×)	24
그 애(○) 그 얘(×)	24
금세(○) 금새(×)	25
기다란(○) 길다란(×)	25
기와집(○) 기왓집(×)	25
기울이다(○) 기우리다(×)	25
까다롭다(○) 까탈스럽다(○)	26
깎다(○) 깍다(×)	26
깡충깡충(○) 껑충껑충(○) 깡총깡총(×)	27
꼬드기다(○) 꼬득이다(×)	27
꼬시다(○) 꾀다(○)	27

끼어들다(○) 끼여들다(×)	28
나가려면(○) 나갈려면(×)	28
나는(○) 날으는(×)	29
나더러(○) 날더러(×)	29
낚다(○) 낙다(×)	29
낚시꾼(○) 낚싯꾼(×)	30
낚시터(○) 낙시터(×)	31
낚싯대(○) 낚싯바늘(○) 낚싯줄(○)	31
낚아채다(○) 나꿔채다(×)	32
날개 돋친 듯(○) 날개 돋힌 듯(×)	32
날아가다(○) 날라가다(×)	33
남녀(○) 남여(×)	34
납작하다(○) 납짝하다(×)	35
낭떠러지(○) 낭떨어지(×)	35
낯설다(○) 낮설다(×)	36
내로라하는(○) 내노라하는(×)	36
냄비(○) 남비(×)	37
널빤지(○) 널판지(×)	37
널찍하다(○) 넓직하다(×)	38
네가(○) 너가(×) 니가(×)	38
놀라다(○) 놀래다(×)	39

눈곱(○) 눈꼽(×)	39
눈살(○) 눈쌀(×)	40
−는지(○) −런지(×) −른지(×)	40
다달이(○) 달달이(×)	41
닦달하다(○) 닥달하다(×)	41
담그다(○) 담구다(×)	42
덥석(○) 덥썩(×)	42
돌(○) 돐(×)	43
되뇌다(○) 되뇌이다(×)	43
되다(○) 돼다(×)	44
두루마리(○) 두루말이(×)	44
등굣길(○) 등교길(×)	45
떡볶이(○) 떡뽁기(×)	45
떼쓰다(○) 때쓰다(×)	46
띄어쓰기(○) 띠어쓰기(×)	46

ㅁ ~ ㅅ

마라(○) 말아라(×)	47
막아(○) 막어(×)	47

먼지떨이(○) 먼지털이(×) 47	봬요(○) 뵈요(×) 55
멋쩍다(○) 멋적다(×) 48	부리나케(○) 불이나케(×) 56
메밀국수(○) 모밀국수(×) 48	부엌(○) 부억(×) 56
며칠(○) 몇 일(×) 49	분란(○) 불란(×) 57
모자라다(○) 모자르다(×) 49	비계(○) 비게(×) 57
무르팍(○) 무릎팍(×) 49	비눗방울(○) 비누방울(×) 58
무릅쓰다(○) 무릎쓰다(×) 50	비로소(○) 비로서(×) 비롯오(×) 58
뭉게구름(○) 뭉개구름(×) 50	빨간색(○) 빨강색(×) 59
바라요(○) 바래요(×) 51	빼앗다(○) 빼았다(×) 59
바람(○) 바램(×) 51	사귀다(○) 사기다(×) 60
발자국(○) 발자욱(×) 발짜국(×) 51	새침데기(○) 새침떼기(×) 60
방귀(○) 방구(×) 52	생각건대(○) 생각컨대(×) 61
범칙금(○) 법칙금(×) 52	생쥐(○) 새앙쥐(×) 61
벗다(○) 벗다(×) 52	설거지(○) 설겆이(×) 61
벚꽃(○) 벗꽃(×) 53	설레다(○) 설레이다(×) 62
베개(○) 배게(×) 베게(×) 53	성장률(○) 성장율(×) 63
베끼다(○) 배끼다(×) 54	소고기(○) 쇠고기(○) 63
베다(○) 비다(×) 54	소꿉놀이(○) 소꼽놀이(×) 64
베짱이(○) 배짱이(×) 54	수놈(○) 숫놈(×) 64
본떠(○) 본따(×) 55	수수께끼(○) 수수깨끼(×) 65
봉숭아(○) 봉숭화(×) 55	숟가락(○) 숫가락(×) 65

숨바꼭질(○) 숨박꼭질(×)　　66

싫증(○) 실증(×)　　66

십상(○) 쉽상(×)　　67

쌉쌀하다(○) 쌉살하다(×)　　67

쑥스럽다(○) 쑥쓰럽다(×)　　68

ㅇ ~ ㅎ

아기(○) 애기(×)　　69

아무튼(○) 아뭏든(×)　　69

아지랑이(○) 아지랭이(×)　　70

안 돼요(○) 안 되요(×)　　70

안성맞춤(○) 안성마춤(×)　　70

안쓰럽다(○) 안스럽다(×)　　71

안절부절못하다(○) 안절부절하다(×)　　71

안팎(○) 안밖(×)　　72

안 하다(○) 않 하다(×)　　72

알아맞히다(○) 알아맞추다(×)　　73

애꿎은(○) 애궂은(×)　　73

어떡해(○) 어떻해(×)　　74

어이없다(○) 어의없다(×)　　74

얼마큼(○) 얼만큼(×)　　75

엎지르다(○) 업지르다(×)　　75

역할(○) 역활(×)　　75

연거푸(○) 연거퍼(×)　　76

열심히(○) 열심이(×)　　77

예닐곱(○) 여닐곱(×)　　78

오뚝이(○) 오뚜기(×)　　78

오랜만에(○) 오랫만에(×)　　79

오므리다(○) 오무리다(×)　　79

온갖(○) 왼갖(×)　　79

외톨이(○) 외토리(×)　　80

요새(○) 요세(×)　　80

우레(○) 우뢰(×)　　80

우리나라(○) 저희나라(×)　　81

욱신거리다(○) 욱씬거리다(×)　　81

욱여넣다(○) 우겨넣다(×)　　82

움츠리다(○) 움추리다(×)　　82

움큼(○) 웅큼(×)　　83

육개장(○) 육계장(×)　　83

으레(○) 으례(×)　　84

으스대다(○) 으시대다(×)	84
의젓하다(○) 으젓하다(×)	84
이었다(○) 이였다(×)	85
익숙지(○) 익숙치(×)	86
일으키다(○) 이르키다(×)	86
일찍이(○) 일찌기(×)	86
자그마치(○) 자그만치(×)	87
자투리(○) 짜투리(×)	87
잠그다(○) 잠구다(×)	88
잠깐(○) 잠간(×)	88
장맛비(○) 장마비(×)	89
저물녘(○) 저물녁(×)	89
족집게(○) 쪽집게(×)	90
졸리다(○) 졸립다(×)	90
줄게(○) 줄께(×)	91
짊어지다(○) 질머지다(×)	91
짓궂다(○) 짖굳다(×) 짖궂다(×)	92
착잡하다(○) 착찹하다(×)	92
창피(○) 챙피(×)	93
책꽂이(○) 책꽃이(×)	93
천장(○) 천정(×)	93
초점(○) 촛점(×)	94
치르다(○) 치루다(×)	94
커피숍(○) 커피숖(×)	95
켜다(○) 키다(×)	95
트림(○) 트름(×)	96
폭발(○) 폭팔(×)	96
하마터면(○) 하마트면(×)	97
할게(○) 할께(×)	97
해님(○) 햇님(×)	98
헛갈리다(○) 헷갈리다(○)	98
환절기(○) 간절기(×)	99
후유증(○) 휴유증(×)	100
휴게실(○) 휴개실(×)	100
힘껏(○) 힘것(×)	101

ㄱ~ㅁ

가르치다 vs 가리키다	106
갔다 vs 갖다	106
개발 vs 계발	107
거름 vs 걸음	107
거치다 vs 걷히다	107
결재 vs 결제	108
곧 vs 곳	109
골다 vs 곯다	109
그러므로 vs 그럼으로	109
그치다 vs 끝이다	110
깍듯이 vs 깎듯이	110
껍데기 vs 껍질	111
꼬리 vs 꽁무니 vs 꽁지	111
나르다 vs 날다	111
낫다 vs 낳다	112
낮 vs 낯	112
너머 vs 넘어	113
너비 vs 넓이	114
넓적하다 vs 넙적하다	114
늘리다 vs 늘이다	115
다르다 vs 틀리다	115
다리다 vs 달이다	116
다치다 vs 닫히다	116
닫다 vs 닿다	116
달리다 vs 딸리다	117
당기다 vs 댕기다 vs 땅기다	117
대로 vs 데로	117
–던지 vs –든지	118
덥다 vs 덮다	118
두껍다 vs 두텁다	118
드러내다 vs 들어내다	119
들르다 vs 들리다	119
들이켜다 vs 들이키다	119
때다 vs 떼다	120
떨다 vs 털다	120

찾아보기 179

띄다 vs 띠다	120
-로서 vs -로써	121
맞다 vs 맡다	121
맞추다 vs 맞히다	122
매다 vs 메다	122
머지않다 vs 멀지 않다	123
목 vs 몫	123
무치다 vs 묻히다	124
묵다 vs 묶다	124

ㅂ~ㅎ

바라다 vs 바래다	125
-박이 vs -배기	125
반드시 vs 반듯이	126
배다 vs 베다	126
벌리다 vs 벌이다	127
봉오리 vs 봉우리	127
부리 vs 입	128
부수다 vs 부시다	128

부치다 vs 붙이다	129
붇다 vs 붓다	129
비추다 vs 비치다	130
빌다 vs 빌리다	130
빗다 vs 빛다	131
삯 vs 싹	131
새다 vs 세다	132
새우다 vs 세우다	132
섞다 vs 썩다	133
손자 vs 손주	133
시키다 vs 식히다	134
싸이다 vs 쌓이다	134
안 vs 않-	135
안다 vs 앉다	135
안치다 vs 앉히다	136
얇다 vs 엷다	136
어떡해 vs 어떻게	137
업다 vs 엎다	137
-예요 vs -이에요	138
-오 vs -요	138
왠지 vs 웬	138

웃옷 vs 윗옷	139	차마 vs 참아	148
유래 vs 유례	139	채 vs 체	148
이 vs 이빨	139	출연 vs 출현	149
이따가 vs 있다가	140	펴다 vs 피다	149
이루다 vs 이르다	140	한참 vs 한창	149
익다 vs 읽다	141	해치다 vs 헤치다	150
잃다 vs 잊다	141	햇볕 vs 햇빛	150
자갈 vs 재갈	142	혼돈 vs 혼동	151
작다 vs 적다	142		
-장이 vs -쟁이	142		
저리다 vs 절이다	143		
전통 vs 정통	143		
젓 vs 젖	144		
젓다 vs 젖다	144		
조리다 vs 졸이다	145		
조정 vs 조종	145		

3장

ㄱ~ㅁ

좇다 vs 쫓다	146
주체 vs 주최	146
집다 vs 짚다	147	가/이	156
짓다 vs 짖다	147	간	157
찢다 vs 찧다	147	같이	157
		개	158
		거야	158

걸	159	시	167
것	159	씨	167
겸	159	이/그/저	168
그중	160	이다	168
내지	160	중	168
대	161	지	169
대로	162	큰일	169
데	162	큰 형/큰형	170
동안	162	터	171
등	163	한 번/한번	171
를/을	163		
만	164		
만큼	164		
못하다	165		
및	165		

ㅂ ~ ㅎ

밖에	166
뿐	166